하나임기쁨

하나임기쁨
ⓒ김영로 Printed in Seoul
2022년 03월 23일 1쇄 발행

지은이 | 김영로
발행인 | 박찬우
편집인 | 우 현
펴낸곳 | 파랑새미디어

등록번호 | 제313-2006-000085호
서울특별시 마포구 서교동 357-1 서교프라자 318
전화 | 02-333-8311
팩스 | 02-333-8326
메일 | adam3838@naver.com

가격 20,000원
ISBN 979-11-5721-165-4 03110

BLISS OF UNION

하나임기쁨

김영로

주 요 목 차

- 서문 - 어둔 세상 밝혀줄 한 줄기 빛으로! · 007

01 범부(凡夫) 스승 버리고 성인(聖人) 스승 따르라 · 010

02 Our Supreme Aim in Life (인생의 최상의 목표) · 011

03 빌 게이츠도 '의미 없는' 삶을 사는 이유? · 012

04 서양 철학의 한계 = (이분법적인) 지성의 한계 · 013

05 종교에 대한 지성인들의 무지(혹은 오해) · 014

06 범부(凡夫)의 지식과 성인(聖人)의 지식 · 014

07 용어 하나도 깨달음으로 인도할 수 있다! · 016

08 Highest Yoga Tantra (무상요가 딴뜨라) · 017

09 불교에 대한 니체의 무지 · 018

10 자살에 대한 위험하고 무책임한 생각과 오해 · 020

11 범부의 불만족한 삶과 수행자의 자족의 삶 · 022

12 수행을 어렵게 만드는 네 가지 장애 ('마라'mara) · 026

13 자기 마음이 붓다임을 깨달으면 · 030

14 죽음 있는 차원(외양)과 죽음 없는 차원(본성) · 031

15 죽음의 두려움으로부터 해방: 삼세의 동일성 · 032

16 지옥에 다시 태어나는 것을 막기 위한 만뜨라 · 033

17 인생의 세 가지 중대사 · 034

18 열 가지 불선업(不善業)과 과보 - 당신의 내세? 여기서 찾을 수 있습니다! · 036

19 우리가 행동 하나하나에 주의해야 하는 까닭 · 041

20 한 저명한 서양 철학자와 한 무명의 여자의 깔마에 대한 무지 · 042

21 선업을 짓는 분이 고통 받는 것 같은 이유 · 044

22 악업을 짓는 분이 복을 받는 것 같은 이유 · 045

23 우리들의 정체 - 오대(우주) - 오불(붓다) · 046

24 딴뜨라 수행: 자기와 내면의 붓다와의 통합 · 050

25 건강회복비결 - 생명 전체와의 신성한 재통합 · 050

26 사랑하는 사람 말고, 사랑 자체가 되라! · 051

27 기쁨은 우리들 존재의 기반이자 목적! · 054

28 생명의 경이로움 - 곰팡이의 사랑놀이! · 058

29 혼돈과 질서의 공존 - 존재의 경이로움 · 059

30 양면을 모두 껴안는 예술가의 아름다운 마음 · 060

31 대상을 보는 범부와 성인 두 가지 관점 · 061

32 알고 보면 아픔은 기쁨이네! · 066

33 불교 최상의 지혜, 공성(空性) 명상의 핵심 · 067

34 너무도 간단한 깨달음의 길! · 068

35 영원한 젊음의 비결 - 낙공불이(樂空不二)의 지혜 · 070

36 섹스 - 위대한(초월적인) 통합으로 가는 길 · 071

37 붓다의 남녀 교합상이 상징하는 것 · 072

38 성인 용수의 **마하무드라(大印대인, 대통합) 견해** · 073

39 공성에 대한 형이상학적-형이하학적 접근 · 087

40 양면의 지혜 - 거시적인 세계와 미시적인 세계 · 088

41 몸과 마음의 세 가지 수준 · 089

42 소음에 대한 스트레스로부터 벗어나는 비법 · 090

43 달마대사가 제자를 깨달음으로 인도하는 방법 · 094

44 즐겁게 일하는 비결 - 정진 = "순추"(티베트어)

　　"ecstasy"(황홀) - 일과 일체감(몰입) · 101

45 참회가 빠를수록 좋은 이유 · 104

46 불교의 놀라운 양변부정, 중도(해탈)의 논리 · 107

47 질병에 대한 공성(자공自空-타공他空) 수행 · 112

48 관념의 속박으로부터 벗어나는 것이 곧 해탈 · 113

49 Tantric lifestyle (딴뜨라의 생활방식) · 116

50 분노 속에 숨겨져 있는 놀라운 깨달음의 에너지 · 119

51 출리심[출발점] → 번뇌행 감소 → 청정행[목적지] · 123

52 금강승의 목적 - 본래의 청정성 깨닫기 · 125

53 성스러운 여성의 성스러운 에너지와 공간 · 128

54 최상의 마음보호 만뜨라 · 131

55 자유인의 롤 모델 대인(大人) 장자의 조언 · 131

56 맡김은 하나 됨(합일)의 지혜 · 132

57 가장 낮은 자리 - 대인, 성인(聖人)의 자리 · 136

58 랑리 땅빠의 **여덟 게송 마음수련** · 137

59 쫑카빠 대사의 "**삼종요도(三種要道)**" - 출리심, 보리심, 정견(正見) · 142

60 세 가지 번뇌 통제법 - 세 가지 수준의 문제해결방법 · 152

61 괴로움의 근원: 집착 - 아집(我執),, 실집(實執) · 161

62 불행의 원인들 - 자기 자신의 뜻과 생각 · 163

63 공성에 대한 깨달음이 가져오는 엄청난 이득 · 176

64 해탈의 방편 - 범부가 윤회에 묶여있는 이유 · 176

65 renunciation(출리심)에 대한 탁월한 설명 · 181

66 taking and giving (tong-len똥렌) 받기와 주기 · 181

67 '쬐'(절단) - 법공(法空), 아공(我空), 불이(不二) · 182

68 띨로빠의 놓아주기 가르침 · 185

69 2분 안에 잠들기 - 미국 전투기 조종사 훈련법 · 186

70 Eight Kinds of Silence 여덟 가지 고요(적정) · 190

71 진정한 독립 - 관념으로 부터의 독립 · 192

72 앎, 안다는 관념으로부터 벗어나기 · 193

73 가장 좋은 소식: 우리들의 본래의 마음 → 법신 · 200

74 두 보리심 - 세상에서 가장 큰 마음 · 202

부록 1: 보리방편문(菩提方便門) - 금타 대화상 지음 · 208
　　　 THE BODHI-MEANS DOOR - [영역/김영로]

부록 2: 여덟 가지 유형의 불이(不二)의 노래 · 212

서 문

이 책은 영어를 몰라도 되고, 다 읽지 않아도 됩니다.

1 영어공부가 목적인 분들은 보석 같은 지문을 통해
  영어의 큰 그림, 문맥을 볼 수 있는 안목을 기를 수 있고,
  영문국역학습 자료로도 이용할 수 있습니다.
2 영어로 표현된 불교의 핵심용어들을 통해 불교의 핵심
  가르침에 쉽게 접근하여 최상의 행복자원, 지혜와 자비를
  기를 수 있습니다. 심오한 지혜와 방대한 자비를 기르면
  개인적인 고통은 저절로 사라집니다.
3 여러 가지 어려움이나 괴로움에 시달리는 분들은 매우
  효과적인 지혜로운 다양한 해결책을 찾을 수 있을 겁니다.
4 책을 읽을 시간을 내기 어려운 분은 [핵심적인 명상자료]라고
  표시된 부분만 공부해도 됩니다.
5 지혜로운 분에게 가장 중요한 것은 '책 공부'가 아니라 명상,
  수행 자체입니다. 이 책에 소개된 가르침 중에서 마음이
  가장 끌리는 것 몇 개만 골라 수행하시면 됩니다.

* * *

이 세상 모든 문제와 고통의 근원은 진실과 깔마(業업)에 대한
무지입니다. 그러므로 바른 가르침을 통해 심오한 지혜와 방대
한 사랑을 길러, 탐욕(탐)과 미움(진), 어리석음(치)에서 벗어나지
않는 한 아무도 완전한 행복에 도달할 수 없습니다. 독자들을
영원한 자유와 안락으로 안내하는 것이 이 책의 목적입니다.

목적지가 너무 아득해 보인다고 걱정하지 않아도 됩니다. 이것은
처음부터 기쁨에서 더 큰 기쁨으로 계속 나아가는 길이니까요!

필자가 엮은 영어 학습서 공부 순서

1) "순해정해"와 "영어순해 Basic"으로 시작해서 (각각 한번에 30분 정도) 기본적인 영어센스를 기른다.

2) 틈틈이, "영어도사 1"과 "영어도사 2"로 어휘력 확장.

3) 다음에는, "쉬운영어 문맥순해"와 "문맥순해"로 영어의 문맥을 보는 눈을 집중적으로 훈련한다.

4) 마지막으로, "영어순해"로 영어공부를 마무리한다.
GOOD LUCK!

BLISS OF UNION

小人에서 大人으로 도약하는
지혜와 사랑의 명상

하나임기쁨

범부(凡夫)의 길과 성인(聖人)의 길

Man is now only more active – not more happy –
nor more wise, than he was 6,000 years ago.　— Edgar Allan Poe (1809-1849)

사람은 지금 더 많이 활동할 뿐이지 - 더 행복하지도
더 현명하지도 않아요, 6,000년 전보다 말예요.　— 에드거 앨런 포

Beware the barrenness of a busy life.　— Socrates
바쁘게 사는 삶의 황폐함을 경계하라.　— 소크라테스

범부(凡夫) 스승 버리고 성인(聖人) 스승 따르라!

I gave up on ordinary spiritual teachers
And turn for refuge to the Enlightened Ones.
And if you ask why I do so,
It is because the Enlightened Ones
Have no imperfections but have every excellence.

(문맥) excellence (=perfection) ↔ imperfection
(표현) give up on ~에 대해 포기하다
난 평범한(凡夫범부) 수행 스승들은 포기하고

깨달으신 분(붓다)들에게 귀의하네.
만일 당신이 왜 내가 그렇게 하느냐고 물으면
깨달으신 분들은 허물이 없고 온갖 탁월한 점 갖고
있기 때문이네.

Our Supreme Aim in Life (인생의 최상의 목표)

I bow down to the Omniscient,

Freed from all defects,

Adorned with all good qualities,

The sole friend of all beings. — Nagarjuna

(문맥) good qualities ↔ defects (= bad qualities)

일체지자(붓다)께 고개 숙여 절합니다,

일체 허물(단점)로부터 벗어나시고,

일체 좋은 자질(장점)로 장엄하시며,

모든 중생들의 유일한 친구인 분께. — 나가르주나

일체지자를 중생들의 유일한 친구라고 부르는 것은
그런 분만이 중생들을 바른 길(영원한 자유와 행복)로
인도하여 고통으로부터 보호해줄 수 있기 때문입니다.

빌 게이츠도 '의미 없는' 삶을 사는 이유?

All three of his books wrestle with some version of the same question: What will give our lives meaning ...? [...] It's no criticism to say that Harari hasn't produced a satisfying answer yet. Neither has anyone else.
— Bill Gates, The New York Times

그의 책 세 권 모두가 다루는 것은 같은 질문에 대한 다른 버전입니다: 무엇이 우리들의 삶에 의미를 줄까 라는 물음말예요. [중략] 비판으로 하는 말은 아니지만, 하라리는 아직 만족스러운 해답을 내놓지 않았습니다. 그밖에 아무도 하지 않았습니다.
— 빌 게이츠, 뉴욕 타임스

빌 게이츠도 하라리도 이런 의미를 발견하지 못한 것은 이들이, 대부분의 서양인들처럼, 위대한 깨달음 전통의 가르침을 만나는 행운이 없었기 때문입니다.

행운은 우연이 아닙니다. 그것은 우리가 쌓아온 행복자원인 공덕입니다.

서양 철학의 한계 = (이분법적인) 지성의 한계

I don't know why we are here, but I'm pretty
sure that it is not in order to enjoy ourselves. — Ludwig Wittgenstein

저는 왜 우리가 여기에 있는지(인생의 목적이 무엇
인지) 모릅니다. 그러나 저는 상당히 확신합니다.
그것이 즐기기 위해서는 아니라는 것을. — 루트비히 비트겐슈타인

솔직히 말하면 인생의 궁극적 의미는 없다고 생각합니다.
'인생의 의미가 뭐냐'고 따지는 것은 무의미한 것이지요.

— 박이문, 조선일보, 2014. 02. 22

인생의 목적을 모르는 사람이 어떻게 사람들을 바른 길로
안내할 수 있을까요?

종교에 대한 지성인들의 무지(혹은 오해)

Religion is something left over from the infancy
of our intelligence, it will fade away as we
adopt reason and science as our guidelines.

— Bertrand Russell

종교는 우리들의 지성의 초기로부터 남겨진 것(유물)인데, 이것은 사라질 것입니다, 우리가 이성과 과학을 우리들의 지침으로 채택함에 따라서.

— 버트런드 러슬

이성과 과학이 얻을 수 있는 것은 분석적, 이분법적인 지식뿐입니다. 그것은 해탈과 성불(成佛)로 인도하기는커녕, 이해조차 할 수 없습니다. 아무리 뛰어난 철학자나 불교학자라도 가장 높은(무상) 요가 딴뜨라(Highest Yoga Tantra)를 모르는 분들은 결코 불교를 제대로 안다고 볼 수 없습니다.

[핵심적인 명상자료]
지식의 큰 그림: 네 가지 수준의 지식

범부(凡夫)의 지식

1 현상적 지식: 존재(有유)와 비존재(無무)라는 개념에 묶여있고 무생(無生)이라는 개념을 두려워하는 무지하고 어리석은 사람들의 지식 [범부(凡夫)의 피상적인 지식].

2 상대적 지식: 분별적인 논리와 상상으로 배열하고
결합하며 분석하는 지식 [철학자들의 이분법적 지식].

성인(聖人)의 지식
3 완전한 지식: 일체가 마음의 현현(顯現)에 불과하다는
것을 깨달은 보살님들의 지식. 이들은 공성(空性)과
무생(無生), 무아(無我)를 이해하며 존재와 비존재,
무생과 무멸(無滅) 등의 분별을 완전히 여의고 무아와
무상(無相)을 체득하신 분들입니다 [성인(聖人)들의
합일적인 지식].

4 초월적 지식: 윤회의 세계에서 완전히 벗어난 보살님들
과 부처님들의 지식 [가장 높은 성인(聖人)들의 지식].

여기서 우리가 알아야 할 세 가지 중요한 사실은 -
첫째, 인문학 같은 세속적인 지식만으로는 완전한 깨달음에
도달할 수 없다는 것과,
둘째, 그러므로 깨달음 전통의 지식, 완전한 지식과 초월적
지식만이 우리들을 완전한 깨달음과 최상의 행복으로 인도해
줄 수 있다는 것, 그리고
셋째, 아는 것만으로는 충분하지 않으므로 반드시 아는 것이
자신의 것이 되도록 체험 또는 체득해야 한다는 것입니다.

> 용어 하나도 깨달음으로 인도할 수 있다!
> 무생이면 무멸(無滅)이니 → 이분법적 사고초월(해탈)

No-Birth signifies the 'extinction' of the discursive thinking by which we conceive of things as arising and perishing, forming attachments to them.

★

무생(無生)이 의미하는 것은 우리가 모든 것이 (실제로) 발생하고 소멸한다고 생각하여, 거기에 집착하는 이분법적인 생각(분별)이 '소멸'된다는 것입니다.

(역자) 빛이 어둠 없이 존재할 수 없듯, 생(生)은 멸(滅)을 떠나 존재할 수 없습니다. 다시 말해, 이들은 하나의 양면일 뿐이므로. 각기 따로(독립적으로) 존재하는 것처럼 생각(이분법적 사고)하지 말아야 합니다.

Highest Yoga Tantra 무상요가 딴뜨라

The supreme quick path to enlightenment. The teachings on Highest Yoga Tantra are Buddha's ultimate intention.

가장 빠른 성불의 길. 무상요가 딴뜨라에 관한 가르침은 붓다의 궁극적인 의도입니다.

붓다의 궁극적인 의도를 모르는 사람은 불교를 제대로 안다고 볼 수 없습니다.

Religion is capable of driving people to such dangerous folly that faith seems to me to qualify as a kind of mental illness. - Richard Dawkins
(문맥) faith = religion

종교는 그토록 위험한 어리석은 행동으로 몰아갈 수 있으므로 신앙은 제가 보기에는 일종의 정신병으로 자격을 갖춘 것 같습니다. ― 리처드 도킨스

(역자) 이런 학자들의 터무니없는 주장을 보면 바른 가르침을 만나는 것이 얼마나 큰 행운인지 알 수 있을 겁니다. 그래서 금강승에는 "행운아"란 말이 많이 나옵니다.

불교에 관한 니체의 무지

[The Buddha's] passive nihilism is a sign of
weakness.　　　　　　　　　　　　　　　　— Nietzsche

[붓다의] 수동적인 허무주의는 나약하다는 증표입니다.　　— 니체

위의 니체의 말은 그의 불교에 관한 지식이 얼마나 피상적이었는지 잘 보여줍니다. '허무주의'(이 말은 불교에서는 이런 뜻으로 사용되지도 않습니다)는 결코 불교의 특징이 아닙니다. 불교는 지혜(문수보살)와 자비(관세음), 세력(바즈라빠니)을 길러 모든 중생들을 가장 큰 행복, 일체지(一切智)의 행복으로 인도하는 것이 목적이기 때문입니다.

모든 부처님들을 대표하는 위대한 세 보살님

I pray to Avalokiteshvara - the great treasure
　of inconceivable love,
To Manjughosha - the immaculate faculty of
　knowledge,
To Vajrapani - the conqueror of an entire army
　of demons.

관세음께 기도합니다, 초월적인 지혜, 대자(大慈)를
　갖추신 분,
문수께 기도합니다, 청정무구한 큰 지혜, 대혜[大慧]를
　갖추신 분,
바즈라빠니께 기도합니다, 마군의 정복자의 큰 힘, 대력
　[大力]을 갖추신 분.

붓다의 네 가지 활동(four activities 四業사업)

식멸, 증익, 통제(회유), 위맹(정복 또는 폭력)
[pacification, increasing, controlling (power),
wrath (subjugation or violence)]

필요하면 폭력 같은 거친 수단도 이용하는 것이
붓다의 가르침입니다. 예를 들어, 보살시절에 석가모니
부처님은 수백 명의 목숨을 구하려고 한 사람을
죽이기까지 했습니다. 그러나 그 목적은 많은 사람들의
목숨을 구할 뿐만 아니라 그 한 사람이 겪게 될 엄청난
악업의 과보로부터 보호해주기 위한 것이었습니다. 이런
큰 자비가 뒷받침되지 않는 폭력은 허용되지 않습니다.

four powers (네 가지 힘)

The four types of attainments often described in tantric initiations. They are: pacification (of delusions), increase (of realizations), control (of whatever needs controlling) and subduing (of negative forces).

딴뜨라 관정에서 흔히 얘기하는 네 종류의 성취: (번뇌의) 진정, (깨달음의) 증장, (뭐든 통제가 필요한 것의) 통제, (부정적인 세력의) 정복

자살에 대한 위험하고 무책임한 생각과 오해

It is always consoling to think of suicide: in that way one gets through many a bad night. — Friedrich Nietzsche

언제나 위안이 됩니다, 자살에 대해 생각하면: 이런 식으로 우리는 많은 괴로운 밤을 보낼 수 있습니다. — 프리드리히 니체

한번 죽어버리면, 그 이상 잃어버려야 할 것은 아무것도 없다. 이것이 죽음의 훌륭한 점이다. — 무라카미 하루키

생명은 개인의 소유물이 아니라 존재 전체, 우주의
것이므로 한 생명을 해치는 것은 우주 전체에 해를
끼치는 중대한 악업입니다. 자살도 살생이므로 다른 많은
중생들을 살리기 위한 불가피한 선택이 아닌 경우에는
무거운 과보를 받게 됩니다. 어떤 설명에 의하면, 가장
무섭지 않은 지옥에서 수명이 90억년일 수 있답니다.

★

사람들을 불행하게 만드는 가장 큰 원인은 가난이나
불운이 아닙니다. 그것은 바로 무지나 그릇된 견해
입니다. 아마도 지금까지 가장 많은 사람들을 죽게 만든
것은 전쟁이 아니라 그릇된 믿음이나 생각이었을 겁니다.
바로 여기에 바른 세계관, 바른 가르침의 중요성이 있습니다.

수행자들은 죽음을 속여서라도 시간을 벌어 수행하라는
충고를 받는데, 너무도 소중한 목숨을 스스로 끊다니요?
언제 끝날지 모르는 우리들의 삶, 그러기에 더욱 소중
합니다.

[추천] "죽음수업" - 김영로 지음

범부의 불만족한 삶과 수행자의 자족한 삶

Having cultivated bad actions, what dread comes
to the heart of that person whose life is over?

For that person who has become self-sufficient
in the long run, by relying on the eternal Dharma,
what divine delight is born at death! - Dampa

악업을 쌓아온 사람은 얼마나 무서운 공포를 느끼게
될까요, 죽을 때?

반면에 장기적으로 자족하며 영원한 달마(가르침)에 의지
해온 사람은 얼마나 수승한 기쁨을 맛볼까요, 죽을 때?   — 달마대사

(문맥) delight ↔ dread. at death = when
life is over

죽음과 무상, 고통에 대한 깊은 깨달음의 중요성

All know they will die.
But they don't realize it deeply in their being.
If they realized it, how could they have
the leisure to remain ordinary?   — Padampa Sangye

모두가 안다, 자기가 죽는다는 것을.
그러나 그들은 그들의 존재 깊이 이걸 깨닫지 않는다.
만일 깨달았다면, 어떻게 그렇게 여유를 갖고 [수행해서
해탈하지 않고] 범부(凡夫)로 남아있을 수 있겠는가? — 빠담빠 쌍계(달마대사)

If one considers the sufferings of the six realms
in terms of oneself, one has no time to remain
ordinary.

우리가 육도의 고통에 대해 자기 자신의 관점에서 생각
해보면, 우리는 범부로 남아있을 시간이 없다. — 달마대사

When the understanding of impermanence
   arises in your mind-stream,
All activities become dharma practice.
By remembering death again and again,
You are victorious over the demon of laziness. — Milarepa

무상에 대한 이해가 그대의 마음의 흐름에 일어나면,
모든 활동은 달마 수행이 되네.
죽음을 다시 또다시 기억하면,
나태라는 악마 정복하네. — 밀라레빠

(표현) be victorious over = conquer; defeat

Four Thoughts (That Turn the Mind to Dharma)
달마로 마음을 돌리게 하는 네 가지 생각

The four contemplations are: 1) the difficulties of finding a precious human rebirth; 2) the impermanence of life; 3) the sufferings of samsara; and 4) karma (cause and effect).
(문맥) contemplation = thought

네 가지 사유할 내용은: 1) 소중한 인간으로 다시 태어나기 어려움; 2) 생명의 무상; 3) 윤회의 고통; 4) 깔마 (원인과 결과의 법칙)

모든 것은 끊임없이 변하는 과정(無常무상)에 있으므로 우리가 붙잡을 수 있는 것도 우리를 속박할 수 있는 것도 없습니다. 이걸 모르고 온갖 것에 집착하기 때문에 우린 스스로를 옭아맵니다. Natural liberation이란 말은 흔히 '자탈(자연해탈)'이라 옮기는데, 이것은 모든 것은 저절로 사라짐(소멸)을 뜻합니다.

[핵심적인 명상자료]

해탈로 가는 길: 자생(自生) → 자멸/자탈(自脫)

The appearance of form cannot be stopped, but
without definite grasping it is lucid self-appearance.
— Machik Lapdron

형상(色색)이 나타나는 것은 중단시킬 수 없으나,
거기에 확고하게 집착하지 않으면 그건 명백한 자기-
나타남(自生자생) [자기소멸-空공]이네.
— 마직 랍된

(역자) 스스로 발생한 것은 스스로 소멸할 테니,
self-appearance (자생) → self-liberation (자멸/자탈)
입니다. 집착하지 않으면, 우리들을 속박하는 것은
아무것도 없습니다.

미움이란 독을 마음속에 붙잡고 있는 사람이 어떻게
행복할 수 있겠습니까? 어떤 분은 가해자가 사과하면
용서해주겠다고 합니다. 이런 용서는 참된 용서가 아니라
거래일뿐입니다. 진정한 용서는 참회를 통해 자신의
마음을 정화하여 마음속을 부드러운 사랑의 에너지로
완전히 채우는 것입니다.

수행을 어렵게 만드는 네 가지 장애 ('마라' mara)

Skandha-mara which is incorrect view of self, klesha-mara which is being overpowered by negative emotions, matya-mara which is death and interrupts spiritual practice, and devaputra-mara which is becoming stuck in the bliss that comes from meditation.

오온마(五蘊魔) - 오온을 자기로 착각하는 자아관.
번뇌마 - 부정적인 감정들로 압도되는 것.
사마(死魔), 깨달음을 위한 수행을 중단시키는 죽음.
천자마(天子魔), 명상으로부터 오는 기쁨에 빠지는 것.

천자마는 석가모니 부처님이 성불하기 직전에 물리친 욕망과 유혹(desire and temptation) 또는 세속적인 즐거움(worldly pleasures)이라고 합니다.

깨달음(행복완성)의 장애들(The four obscurations)
[핵심용어]

1 Karmic obscuration - the obscuration of karma preventing you from entering the path of enlightenment.

2 Emotional obscuration - the obscuration of disturbing emotions preventing progress along the path.

3 Habitual obscuration - the ingrained obscuration of habitual tendencies preventing the elimination of confusion.

4 Cognitive obscuration - the final obscuration of dualistic knowledge preventing full attainment of buddhahood

1 업장(業障) - 깨달음의 길에 들어가지 못하게 막는 업의 장애.

2 번뇌장(감정의 장애) - 깨달음의 길에서 진전을 막는 마음을 동요시키는 감정의 장애.

3 습장(習障습관의 장애) - 혼란(미혹)의 제거를 막는 뿌리 깊은 습관적인 성향.

4 소지장(所知障인지적 장애) - 완전한 깨달음(성불)을 막는 이원적인 지식의 마지막 장애. [이 장애는 성인의 경지에 올라야 상당히 많이 제거되고, 붓다의 일체지(一切智)의 경지에서 완전히 소멸된다고 합니다.]

[이해를 돕기 위해 다른 설명 살펴보기]
The Four Veils 마음의 성품을 가리는 네 가지 장애

(1) The fact of not recognizing the nature of our mind, not knowing that it is Buddha, forms the veil of ignorance.
(2) Onto this lack of recognition, the notion of an "I," which engenders at its conception the notion of "another," is grafted. From then on our mind is conditioned to function in dualistic mode, and this forms the veil of latent conditioning.
(3) Between the poles of "I" and "other," there exists 84,000 conflicting emotions. The main ones are desire-attachment, hatred-aversion, blindness, jealousy, and so on. They form the veil of conflicting emotions.
(4) Finally, under the influence of conflicting emotions, we commit negative acts that create the veil of karma.

(1) 우리들의 마음의 본성을 깨닫지 못하는 것, 그것이 붓다임을 모르는 것이 무지의 장애(소지장所知障)입니다.
(2) 이런 인식의 부족 위에, "나"라는 관념(이것은 곧 "남"이라는 관념을 낳음)이 덧붙여집니다. 그때부터 우리의 마음은 길들여져 이원적인 방식으로 작용하는데, 이것이 잠재적인 '조건 만듦'이란 장애(습장習障)을 형성합니다.

(3) "나"와 "남"이라는 기둥 사이에는 팔만 사천 가지 상충하는 감정(번뇌)이 존재합니다. 주된 것은 탐착, 미움, 맹목(무지), 질투 등입니다. 이들이 번뇌장(煩惱障)입니다.
(4) 마지막으로, 번뇌의 영향 밑에서, 우리는 부정적인 행동(악업)을 하는데, 이것이 업장(業障)을 만듭니다.

깨달음의 열쇠 - 지혜의 불과 각성

The accelerating wheel of habitual action
Created the song and dance of existence;
But now the fire of knowledge and pure
　awareness
Has consumed all my mental obscurations.

— The Siddha Kumbharipa

가속적으로 돌아가는 습관적인(무의식적) 행위가
(나의) 존재(삶)의 노래와 춤 만들었으나 [깨닫기 이전]
이제 지식(지혜)의 불과 청정한(완전한) 각성이
내 모든 마음의 장애들 태워버렸네.

— 성취자 꿈바리빠

번뇌 제거하면 중생이 붓다

Sentient beings are buddhas but are obscured by
transient impurity.

중생들은 붓다다, 그러나 이들은 가려져있다, 일시적인
때(客塵객진 번뇌)로.

번뇌는 일시적인 것이므로 제거할 수 있습니다. 제거하는
방법은 모든 것은 독립적으로 존재하지 않는다는 것(空공)
을 깨닫고 익히는 것입니다.

[핵심적인 명상자료]
자기 마음이 붓다임을 깨달으면

Through recognizing my mind as buddha,
I have no thing I wish to accomplish.
When realization dawns from within,
It is like the sun that rises over the darkness.
The collections of concepts and afflictions,
Without contrivance, dissolve in their own place,

― Milarepa

내 마음이 붓다임을 인식하자

나는 성취하고 싶은 것이 없네.
깨달음이 내부에서 밝아오자,
마치 해가 떠올라 어둠을 없애듯,
쌓인 관념과 번뇌, 내버려두니, 스스로 사라지네.　　　　— 밀라레빠

죽음 있는 차원(외양)과 죽음 없는 차원(본성) - 양면의 지혜

Having great fear toward death,
I trained in the deathless innate state -
That's the basic key point of the self-liberation
　of samsara. [...]
I've determined my mind is luminous and empty.
I have no fear of birth or death.　　　　— Milarepa

죽음이 몹시 두려워,
난 죽음 없는 본래의 상태에 대해 수련했네 - 이건
윤회의 자연-소멸의 기본적인 핵심 요점이네. [중략]
난 확실히 깨달았네, 내 마음은 정광명이고 공(空)함을.
난 이제 출생이나 죽음에 대한 두려움 없네.　　　　— 밀라레빠

[핵심적인 명상자료]
죽음의 두려움으로부터 해방: 삼세의 동일성

Through abiding in equality of the three times,
Mind is without cause for birth or death. — Milarepa

삼세(과거, 현재, 미래)가 동일하다는 것에 머물음으로써,
마음은 태어나거나 죽을 원인이 없네. — 밀라레빠

출생의 고통/무생의 안락 - 양면의 지혜

If you don't realize the reality of birthlessness,
The suffering of birth is fathomless.
The sublime dharma that's needed at the time of death,
By putting it off, you're wasting your good fortune.
It is fitting to apply yourself to practicing the sublime dharma. — Milarepa

(문맥) birth ↔ birthlessness = the sublime dharma

만일 네가 무생의 진실 깨닫지 못하면,
출생의 괴로움은 한이 없다,
죽을 때 필요한 이 수승한 달마 미루면,
너의 행운을 낭비하는 것이니 정진하여 이 수승한 달마 수행하라. — 밀라레빠

four proofs of reincarnation 환생의 증거 네 가지

They are: the continuation of the consciousness, the result must be similar to the cause, the habitual tendencies that are there at birth, the experience of those who remember previous lives.

의식의 계속, 결과와 원인의 유사성, 태어날 때 갖고 있는 습성, 전생을 기억하는 사람들의 경험.

지옥에 다시 태어나는 것을 막기 위한 만뜨라

OM (옴) 지옥 가는 게 뭐가 잘못인가?
AH (아) 그것의 성품은 공(空)하니, 무슨 차이가 있는가?
HUM (훔) 만뜨라의 왕, 스스로 발생한(자생의) 지혜로
PHAT (팟) 장애물의 왕인 개념이 파괴되네!
HRI (흐리) 고유하게 존재하지 않는(空한) 윤회세계 안에서.
SVAHA (스봐하)

깔마(karma 業업) -
당신이 당신의 운명(미래)의 창조자

[핵심적인 명상자료]
인생의 세 가지 중대사

1 다음 생에 나쁜 곳(三惡道삼악도)에 떨어지지 않게
  하는 것 [우리들의 인생에서 가장 시급한 일]
2 윤회의 세계에서 벗어나는 것(解脫해탈)
3 완전한 깨달음의 행복을 성취하는 것(成佛성불)

일반인들은 해탈과 성불은 쉽지 않겠지만 다음 생에 삼악도三惡道(지옥계, 아귀계, 축생계)는 피하고 삼선도三善道(천상계, 수라계, 인간계)에 다시 태어날 수 있도록 노력해야 합니다. 간단히 말해서, 이것은 지은 악업은 깨끗이 씻어버리고 선업(善業)은 부지런히 지어 나가는 것입니다. 누구든지 이런 노력을 하지 않는 사람은 세속적으로 아무리 성공했더라도 그는 인생을 잘못 산 것입니다. 인간으로 환생하는 것은 더욱더 어려워지고 있으므로 이제 수행은 선택사항이 아니라 인생에서 가장 중요한 과제입니다.

인과의 법칙 - 어떤 원인을 만들면 거기에 상응하는 결과가 따른다는 지극히 단순해 보이는 법칙입니다. 그러나 대부분의 사람들은 자기가 금생에는 물론 먼 과거 생에 어떤 업(業)을 지었는지 모르므로, 업은 부처님들만 알 수 있다고 합니다. 그래도 우리가 택할 수 있는 최선의 길은 있습니다. 먼저 자기가 겪는 모든 고통은 자기가 과거에 남들에게 끼친 고통이 되돌아오는 것이라고 믿고, 나쁜 결과를 가져올 행동은 피하고 좋은 결과를 가져올 행동만 하도록 매순간 최선을 다하는 것입니다.

인생의 두 길 - 통합의 행복/분열의 고통

1 지혜 → 사랑(통합의 길) = 선(善)의 길/대인(大人)의 길 =
 이타적인 길 → 큰 행복 + 적은 고통

 사후 → 삼선도(三善道): 천상계, 수라계, 인간계 →
 해탈의 행복 [성공한 인생]

2 무지 → 미움(분리의 길) = 악(惡)의 길/소인(小人)의 길 =
 이기적인 길 → 작은 행복 + 많은 고통

 사후 → 삼악도(三惡道): 축생계, 아귀계, 지옥계 →
 윤회의 고통 [실패한 인생]

삼악도에서는 수행하는 것이 불가능하므로 한번 빠지면 벗어나기가 지극히 어렵습니다. 자기 마음을 잘 다스리지 못하는 분들에게 삼악도는 너무도 가까이 있습니다.

남들을 모욕하는 분들은 다음 500생 동안 자기가 남들에게 한 것과 같은 모욕을 당한다고 합니다. 그러니까 남들을 모욕하는 것은 결국은 자기 자신에게 수백 배 고통을 주는 것입니다.

남들에게 고통을 주는 사람들은 자기들 자신이 더 많은 고통을 겪게 됩니다. 이들은 한편으론 남들에게 행복을 줄 수 있는 소중한 기회를 자기들 자신으로 부터 빼앗음으로써 자기들 자신에게도 불이익을 주고, 또한 남들에게는 직접 해를 끼치니, 이것이야 말로 이중적인 손해가 아니고 무엇이겠습니까? 그러니까 가해자는 이중으로 손해를 보는, 진짜 피해자입니다.

열 가지 불선업(不善業)과 과보 - 당신의 내세? 여기서 찾을 수 있습니다!

몸(身신)으로 짓는 세 가지 악업과 과보

- 살생 (← 미움) → 사후에 지옥중생으로 다시 태어남
- 투도 (도둑질 ←탐애) → 아귀로 다시 태어남
- 사음 (그릇된 성행위 ← 탐애) → 아귀로 다시 태어남

말(口구)로 짓는 네 가지 악업과 과보

- 망어 (거짓말 ← 어리석음) → 축생으로 다시 태어남
- 양설 (이간질하는 말 ← 미움) → 지옥중생
- 악구 (험한 말 ← 미움) → 지옥중생
- 기어 (쓸데없는 잡담 ← 어리석음) → 축생(동물)

뜻(意의)으로 짓는 세 가지 악업과 과보

- 탐애 (탐욕, 애착) → 아귀로 다시 태어남
- 진에 (성냄, 미움) → 지옥중생
- 치암 (어리석음, 그릇된 견해) → 축생으로 다시 태어남

높은 가르침에 의하면 가장 작은 벌레조차 해치지 말고, 그들에게 추호의 악의도 갖지 말며, 동물들이 가진 것들도 훔치지 말라고 합니다. 모두가 우리들의 가족이고, 미래에 성인(聖人)이 될 너무도 소중한 존재들이니까요.

윤회로부터 해방을 막는 여섯 가지 족쇄(fetters)

If anger is strong, that's the fetter of the hell realm.
If there is great avarice, that's the fetter of the pretas.
If there is great ignorance, that's the fetter of the animals.
If passion is great, that's the fetter of the humans.
If there's strong jealousy, it's the fetter of the asuras.
If there is strong pride, that's the fetter of the devas.
These six are the fetters that bind without freedom.   — Milarepa

분노가 강한 건 지옥의 족쇄네.
탐욕이 많은 건 아귀의 족쇄네.
무지가 많은 건 축생(동물)의 족쇄네.
욕정이 많은 건 인간의 족쇄네.
질투가 많은 건 아수라의 족쇄네.
아만이 많은 건 천신(하늘의 신)의 족쇄네.
이들 여섯 족쇄가 중생들을 속박하고 자유를 주지 않네.   — 밀라레빠

탐욕이나 분노 자체가 문제가 아닙니다. 문제는 습관적으로 그들의 지배를 받는 것입니다.

성인들의 재산, 칠성재(七聖財) The seven noble riches:

faith, discipline, learning, generosity, modesty, decorum/shame, and prajna (믿음, 지계, 배움, 보시, 겸손, 품위/수치심, 반야(지혜).

물질적인 세간의 재산 아무리 많아도, 죽을 때는 오히려 해만 가져올 수 있으니 이 성스러운 재산 외면하는 자는 크게 후회하게 될 겁니다, 그것도 너무 늦게 말예요!

perfect human rebirth (완전한 인간의 환생)

The rare human state, qualified by eight freedoms and ten endowments, which is the ideal condition for practicing Dharma and attaining enlightenment.

희귀한 인간의 상태, 이것은 여덟 가지 여가(팔유가)와 열 가지 원만(十圓滿십원만)을 갖춘 것인데, 이것은 이상적인 조건입니다, 달마를 수행하여 깨달음을 성취하기에.

여덟 가지 여가(八有暇팔유가)

01 지옥중생으로 태어나지 않은 것
02 아귀로 태어나지 않은 것
03 동물로 태어나지 않은 것
04 장수하는 천신(天神)으로 태어나지 않은 것
05 야만인으로 태어나지 않은 것
06 수행을 불가능하게 하는 몸과 마음의 결함을 갖고
   태어나지 않은 것
07 그릇된 견해를 가진 이로 태어나지 않은 것
08 부처님께서 출현하시지 않았을 때 태어나지 않은 것

열 가지 유리한 여건(十圓滿십원만)

01 인간으로 태어난 것
02 부처님의 가르침이 있는 곳에서 태어난 것
03 온전한 감각기관을 갖고 태어난 것
04 다섯 가지 중죄(오무간업)를 짓지 않은 것
05 삼보(三寶)에 대한 믿음을 갖고 있는 것
06 부처님 출현시에 태어난 것
07 부처님 설법시에 태어난 것
08 부처님의 가르침을 수행하는 이들이 있을 때 태어난 것
09 부처님의 가르침이 번창할 때 태어난 것
10 부처님의 가르침을 수행하는 데 필요한 것들을 보시하는
   이들이 있을 때 태어난 것

> **Three ways a perfect human rebirth is highly meaningful (완전한 인간 환생을 매우 의미 있게 만들 세 가지 방법)**

The three ways are: temporary happiness, ultimate happiness (liberation and enlightenment), and making life useful in every moment.

세 가지 방법은 이렇습니다: 일시적인(세속적인) 행복, 궁극적인 행복(해탈과 성불), 그리고 매순간 삶을 유용하게 만드는 것.

깨달음을 위한 수행은 소중한 인생의 낭비를 막고 가장 의미 있게 살아갈 수 있는 길이므로 수행자들은 인생을 가장 지혜롭게 살아가는 분들입니다.

temporary happiness = worldly happiness = mundane happiness = limited happiness
일시적인 = 세속적인 = 세간의 = 제한된

supramundane happiness = pure happiness = unlimited happiness
출세간의(탈속적인) = 청정한 = 무한한

깔마(業업)와 진실에 대한 무지 → 고통

우리가 행동 하나하나에 주의해야 하는 까닭

Buddha said that every action we perform leaves an imprint on our very subtle mind, and every imprint eventually gives rise to its own effect. Our mind is like a field, and performing actions is like sowing seeds in that field. Virtuous, or positive, actions sow seeds of future happiness and nonvirtuous, or negative, actions sow seeds of future suffering. The seeds we have sown in the past remain dormant until the conditions necessary for their ripening come together. In some cases this can be many lifetimes after the original action was performed.

— Geshe Kelsang Gyatso

부처님의 말씀에 의하면 우리가 하는 모든 행동은 우리의 매우 섬세한 마음에 습기(習氣)를 남기고, 모든 습기는 결국은 고유한 결과를 낳습니다. 우리의 마음은 밭과 같고, 행동을 하는 것은 그 밭에 씨를 뿌리는 것과 같습니다. 선하거나 긍정적인 행동은 미래의 행복의 씨를 뿌리고, 불선하거나 부정적인 행동은 미래의 불행의 씨를 뿌립니다. 우리가 과거에 뿌린 씨는 휴면상태로 남아 있습니다, 이들이 익는 데에 필요한 조건이 갖춰질 때까지. 어떤 경우에는 이것이 여러 생일 수 있습니다, 그 최초의 행동이 행해진 뒤에.

— 게쉐 껠상 갸초

어느 철학자와 한 여자의 갈마에 대한 무지

In the part of this universe that we know there is great injustice, and often the good suffer, and often the wicked prosper, and one hardly knows which of those is the more annoying. - Bertrand Russell
(문맥) good ↔ wicked (=bad). suffer(=are unhappy) ↔ prosper(=are happy).

우리가 아는 이 우주의 지역에는 큰 부정의가 있습니다. 그래서 흔히 선량한 사람들이 고통받고, 흔히 사악한 사람들이 잘 사는데, 우리는 이들 중에서 어느 것이 더 짜증스러운 것인지 거의 알 수 없습니다.
― 버트런드 러슬

[추천] 로종 *마음수련* - 제1대 달라이 라마 지음.
영역-라마 글렌(Lama Glenn) / 국역-아찰라 김영로

> [핵심적인 명상자료]
> # 모든 불자들의 자기반성 자료 - 중요한 것은 보시물이 아니라 보시하는 (청정한) 마음

"수십 년을 절에 다니며 온갖 불사에 마음을 보태고 몸으로 실천하며 살았는데 이런 몹쓸 병이 저에게 들었다는 것이 말이에요. 때로는 제 자신은 물론 남들까지 미워져요."

— 한겨레신문, 휴심정, "병을 감춘 채 삶을 마감한 보살님"

(역자) 이런 마음으로 수십 년을 절에 다니며 불사에 참가하는 것보다 잠시라도 청정한 마음, 모든 어머니 중생들을 위하는 자비로운 마음을 내는 것이 비교도 할 수 없을 정도로 더 좋습니다.

All the happiness there is in this world
Arises from wishing others to be happy.
All the suffering there is in this world
Arises from wishing ourself to be happy.

— Shantideva

이 세상의 모든 행복은
남들의 행복을 바라는 데서 오고,
이 세상의 모든 불행은
자기 자신의 행복을 바라는 데서 오네.

— 샨티데바

선업을 짓는 분이 고통 받는 것 같은 이유

When a thoroughly pure virtuous act occurs in your heart - such as the arising of the awakening mind - suffering such as illness can arise. It is said that this is due to karma you accumulated in the past, but due to the power of such a virtuous act, it has now ripened as mere human suffering, instead of as birth in the hells. The need to experience birth in the lower realms has thus been preempted ...

(문맥) occur = arise

철저히 청정한 선한 행위가 그대의 마음속에 일어날 때 - 예를 들어 보리심(깨달음 마음) 같은 것이 - 질병과 같은 고통이 일어날 수 있습니다. 설해진 바에 의하면, 이것은 그대가 과거에 쌓은 업 때문인데, 그런 선업의 힘 덕분에, 그것은 단지 인간의 고통으로 익었을 뿐입니다, 지옥에서 태어나는 것과 같은 고통 대신에. 악도(惡道)에서 태어날 필요성을 그렇게 해서 면하게 된 것입니다...

악업을 짓는 분이 복을 받는 것 같은 이유

It has been stated that when people who have committed powerful negative acts [appear to] enjoy a great degree of happiness, it is a sign that, due to the force of their powerful negative karma, the extensive merit they accumulated in the past that would [otherwise] give rise to higher states is being exhausted in the trivial pleasures of this life, and that from this point onward they will endure only suffering.

(표현) give rise to ~을 일어나게 하다

설해진 바에 의하면 강한 악업을 지은 사람들이 큰 복을 누리는 [것처럼 보일] 때, 그것이 보여주는 것은 그들의 강한 악업의 힘 때문에, 그들이 과거에 쌓은 광범위한 공덕이 [그렇지 않았으면] 더 높은 곳으로 올라가게 해주었을 텐데, 이생의 하찮은 즐거움 속에 소진되어, 지금부터 그들은 고통만 겪게 될 것입니다.

[핵심적인 명상자료]
우리들의 정체 - 오대(우주) -오불(붓다)!

모든 존재는 다섯 가지 위대한 요소(五大오대: 地지, 水수, 火화, 風풍, 空공)로 구성되어있으므로 모두가 한 가족입니다.

오대(五大) [물질] = 오불(五佛다섯 붓다) [인간]

오대는 우주의 물질적 표현이고, 오불은 우주의 인격적 표현이다.
— 금타(金陀1898-1948) 대화상

방향 오대 빛   오불   오혹(五惑)-오지(五智)
중앙 공(空) 백(白) 대일여래(大日如來) 무지-법계체성지
남방 지(地) 황(黃) 보생여래(寶生如來) 아만-평등성지
동방 수(水) 청(靑) 아촉여래(阿閦如來) 분노-대원경지
서방 화(火) 적(赤) 미타여래(彌陀如來) 탐욕-묘관찰지
북방 풍(風) 녹(綠) 불공여래(不空如來) 질투-성소작지

물질적으론 우린 모두 우주의 가족이고, 인격적으론 위대한 붓다의 가족입니다.

나가르주나 존자에 의하면, 티끌 하나에도 무수한 부처님들이 춤추고 있다고 합니다. 무명(무지)의 잠에 빠져있는 중생들을 깨우기 위한 활동이랍니다.

광명진언 〈오불의 오지(五智)의 오광명(五光明)

옴 아모가 [불공여래] 바이로차나 [대일여래] 마하무드라
[아촉여래] 마니 [보생여래] 빠드마 [미타여래] 즈왈라 (광명)
쁘라와르따야 (전환) 훔

OM AMOGHA [AMOGHASIDDHI] VAIROCANA
MAHAMUDRA [AKSHOBHYA] MANI [RATNASAMBHVA]
PADMA [AMITABHA] JVALA (LIGHT) PRAVARTAYA
(TRANSFORMATION) HUM

6자대명왕진언(六字大明王眞言): 옴 마니 빼메(반메) 훔
(OM MANI PADME HUM)

우리들의 내면의 광명은 우리가 갖고 태어난 다섯 가지
지혜(법계체성지, 평등성지, 대원경지, 묘관찰지, 성소작지)의
빛입니다.

전체적인(통합적인) 사랑이 행복의 열쇠

우린 누구나 존재 전체에 속하기 때문에 전체를 위한 것이 아닌 사랑은 참된 사랑이 아닙니다. 당신의 가슴 속에 단 한 사람에 대한 미움이라도 남아있는 한 당신의 행복은 완전한 것이 아닙니다.

대인의 길: 전체와의 통합 → 건강 + 행복
소인의 길: 전체와의 분리 → 질병 + 고통

대인의 말: '은혜로운 모든 어머니 중생들' [이타심]
소인의 말: '금쪽같은 내 새끼' [이기심]

대인의 사랑: 조건 없는, 무한한 자애(慈愛)-이타적
소인의 사랑: 조건 있는, 제한된 아애(我愛)-이기적

대인의 기쁨: 통합적, 초월적, 무한한, 영원한
소인의 기쁨: 차별적, 세속적, 유한한, 일시적

모든 중생들을 어머니로 생각하면 그들에 대한 사랑은 절로 일어날 것입니다. 우린 그들로부터 너무도 많은 은혜를 입어왔기 때문입니다.

일체가 서로 의존하니 모두가 한 가족

Everything exists in mutual dependence.
모든 것은 존재합니다, 서로 의존해서.

모든 것이 하나로 연결되어있으므로, 그 중에서
하나를 적으로 만들면, 모두가 당신의 적이 됩니다.
마찬가지로, 하나를 진실로 사랑하면 모두가 당신의
사랑, 당신의 친구가 됩니다.

수행은 통합의 성취를 위한 수련과정

It is said that even a mere understanding
of a state of union is of immense benefit.

하나임(합일)의 한 상태에 대해 이해만 해도
이루 헤아릴 수 없는 이득이 있다고 합니다.
(표현) of immense benefit = immensely beneficial

딴뜨라 수행: 자기와 내면의 붓다와 통합

In Tantra all practices are done while maintaining an awareness of oneness with the Divine within.

딴뜨라에서는 모든 수행을 할 때 자기 내면의 붓다(불성)와 자기가 하나라는 인식을 갖고 합니다.

자기 마음 안에는 이미 모든 게 들어있습니다. 그러므로 외부에 대한 의존을 줄여나가고 내부의 자원을 부지런히 개발해나가는 것이 최대의 행복(영원한 자유와 완전한 깨달음)에 빠르게 도달할 수 있는 길입니다.

건강회복비결 - 생명 전체와의 신성한 재통합

Healing is a broad term; being connected to both whole and holy, it can be defined spiritually as a return to the state of unity.

Healing(치유)라는 것은 범위가 넓은 말입니다. 이것은 whole(전체의)과 holy(신성한)와 관련되어있으므로,

성인(聖人)들의 통합의 상태로 돌아가는 것이라고 규정할
수 있습니다.

When we recognize our inseparability from all life,
healing often occurs spontaneously.

우리가 우리들 자신이 모든 생명체와 불가분하다는
것(동일성)을 인식하면, 치유는 흔히 저절로 일어납니다.

생명은 우주(존재 전체)의 성스러운 사랑의 에너지!

[핵심적인 명상자료]
사랑하는 사람 말고, 사랑 자체가 되라!

대상이 없는 사랑보다 더 큰 사랑은 없습니다.
왜냐하면 그러면 그대가, 그대 자신이, 사랑
자체가 되니까요. ― 루미 (Rumi)

사랑 자체가 되는 사람(大人대인)에겐 사랑의 기쁨만
있을 뿐 이별의 아픔 같은 건 없습니다.

대상이 없는 사랑 = 대상을 초월한 사랑 =
무조건적인, 전체적인 사랑 = 대자(大慈)

It is no use walking anywhere to preach unless
our walking is our preaching.   — Francis of Assisi

어딜 가서 설교해야 소용없습니다, 우리가 걸어가는 것
자체가 설교가 아니면.   — 아시시의 프란치스코

I ask not good fortune. Henceforth I myself am
good fortune.   — Walt Whitman

저는 행운을 달라고 하지 않습니다. 이제 저 자신이 행운
이니까요.   — 월트 휘트먼

복을 받으려고 기도하지 말고 당신 자신이 좋은 복이
되시오. 그럼 당신은 세상의 모든 성인(聖人)들의 복
에너지와 연결되어 남들에게도 큰 복이 될 겁니다.

사랑, 전체적인 수용의 마력

When you start to love yourself for the first time,
when you start to truly embrace who you are -
flaws and all - your scars start to look a lot more
like beauty marks.
― Jacob Tobia

처음으로 당신 자신을 사랑하기 시작할 때,
당신이란 인간을 진실로 수용하기 시작할 때 - 허물과
모든 걸 - 당신의 흉터는 보이기 시작합니다, 훨씬 더
아름다움의 마크처럼.
― 제이콥 토비아

(역자) 많은 경우에 문제는 주어진 것들을 받아들이지 못하는 데서 시작됩니다. 그러니까 우리들의 몸과 마음의 수용력을 키우는 것이 우리들의 건강과 행복을 증장하는 길입니다.

[핵심적인 명상자료]
기쁨은 우리들 존재의 기반이자 목적!

우린 모두 남녀 교합의 기쁨의 산물이며 또한 마지막으로
이 성스러운 결합을 통해 기쁨의 완성체인 붓다가 된답니다.

금강승 수행자들은 다음 네 가지 기쁨의 에너지 수행을
통해 깨달음으로 나아갑니다.

Four joys: joy, supreme joy, special (or joyless) joy,
and innate joy.

네 기쁨(四喜사희): 희(喜), 수승한 기쁨(승희), 특별한 (혹은
기쁨 없는) 기쁨(수희), 타고난 기쁨(구생희). * 기쁨 없는
기쁨 = 일반적인 기쁨을 초월한 큰 기쁨.

(역자) 우리들 주위에 이런 이름을 가진 분들이 많은 걸 보면
우린 깨달음의 기쁨의 전통 속에서 살아왔음을 알 수 있습니다.

진실(존재와 통합) → 행복 / 거짓(존재와 분리) → 불행

What is truth?

The truth is what brings happiness. — Nagarjuna

무엇이 진실인가?

진실은 행복을 가져오는 것이다. — 나가르주나(용수보살)

That which is false troubles the heart, but truth

brings joyous tranquillity. — Rumi

거짓은 마음을 동요시키나, 진실은 마음을 기쁘고 평온

하게 만드네. — 루미

진실은 존재와 행복의 기반입니다.

거짓정보를 퍼뜨려 많은 분들에게 해를 끼치는 분들은 어떤 과보를 받을까요?

만일 이 때문에 어떤 분이 스스로 목숨을 끊은 일이 벌어졌다면. 가해자의 동기에 따라 결과가 달라집니다. 동기가 탐욕이었다면 그는 다음 생에 아귀로 태어날 수 있고, 동기가 미움이었다면 그는 지옥에서 몸을 받을 수 있으며, 어리석음 때문이었다면 그는 동물로 다시 태어날 수 있습니다.

한 순간의 잘못으로 가해자가 받을 고통은 상상조차 할 수 없을 정도로 큽니다. 이런 점에서 가해자는 최대의 피해자입니다. 한편으로, 그는 악업을 지어 자기 자신에게도 해를 끼쳤을 뿐만 아니라, 또한 공덕을 지을 수 있는 너무도 소중한 인생을 낭비했기 때문입니다.

> [핵심적인 명상자료]
> ## 도덕적인 행위의 중요한 근거: 상호의존관계

So sensitive an ecology is the interdependence of all, that the slightest attention and assistance to others creates moral elevation for ourselves and humanity, while the slightest indifference or

neglect toward others creates moral harm for
ourselves and our civilization.　　　　　　— Tsongkhapa

(문맥) attention and assistance ↔ indifference or
neglect. elevation (=benefit) ↔ harm. humanity =
our civilization

모든 중생들의 상호의존성은 너무도 민감한 관계여서,
조금이라도 남들에게 관심과 도움을 주면
우리들 자신과 인류에게 도덕적으로 유익하고,
반면에 조금이라도 남들에게 무관심하거나 소홀히 대하면
우리들 자신과 사회에 도덕적으로 해가 됩니다.　　— 쫑카빠 대사

The very act of concern for others' well-being
creates a greater state of well-being within oneself.

남들의 행복에 대해 관심을 갖는 행위 자체가
더 큰 행복한 상태를 자기 자신의 내면에 만듭니다.

고락(苦樂)이 함께 춤추니 … 어찌 아니 기쁜가?

Joy aches and pain chuckles in these pages.　　— Toni Morrison

기쁨이 아파하고 아픔이 껄껄 웃네, 이들 페이지에서.　　— 토니 모리슨

걷잡을 수 없이 기쁠 때 왜 우린 눈물이 되는가?
이들은 둘이 아니고 하나, 모두가 마음일 뿐이네.

[핵심적인 명상자료]
생명의 경이로움 - 곰팡이의 사랑놀이!

The cycle of birth and decay would roll
flamboyantly onward, eating itself alive.

태어남과 쇠퇴의 순환이 생생하게 굴러 앞으로
나아가며, 자기 자신을 먹으며 살아가네.

Sporulate: It's a revolting word, but it is also
erotic. (Revulsion and desire are not always
so far apart.) Sporulation is, after all, fungal
sex. The word suggests penetration, fertilization,
mingling in places dim and dank. — Zoë Schlanger

Sporulate: 이건 구역질나게 하는 말입니다. 그러나
이건 또한 에로틱해요. (구역질과 욕정이 언제나 그리
멀리 떨어져있지 않습니다.) Sporulation은, 말하자면,
곰팡이의 섹스입니다. 이 말이 암시하는 것은 침투, 수정,
섞임입니다, 어둡고 축축한 곳에서 말예요. — 조외 슐레인저

아, 얼마나 경이롭고 아름다운가, 별로 아름다워 보이지
않은 것과 아름다운 것이 함께 펼치는 사랑의 유희가!

혼돈과 질서의 공존 - 존재의 경이로움

At the level of individual atoms, life is anarchy - blundering, purposeless chaos. Yet somehow, collectively, these unthinking atoms get it together and perform the dance of life with exquisite precision. (문맥) anarchy = chaos (=disorder) ↔ precision (=order)

개별적인 원자(미시적인) 수준에서, 생명은 무질서입니다 - 실수하고, 목적 없는 혼돈. 그러나 웬일인지, 전체적으로는 (거시적으로는), 이들 생각하지 않는 원자들이 자신(행동)을 가다듬어 생명의 춤을 절묘하게 정확하게(질서 있게) 춥니다.

존재의 기반은 양면성인데, 이 중에서 어느 한 면만 추구하는 것은 분별의 고통만 가져올 것입니다. 양면의 수용은 전체와의 조화와 균형, 건강과 안녕의 길입니다. 이것이 모든 질병, 특히 정신질환의 치유법입니다.

[핵심적인 명상자료]
양면을 모두 껴안는 예술가의 아름다운 마음

An artist is an artist only because of his exquisite sense of beauty, a sense which shows him intoxicating pleasures, but which at the same time implies and contains an equally exquisite sense of all deformities and all disproportion.

— Charles Baudelaire

(문맥) beauty ↔ all deformities and disproportion (=ugliness)

예술가가 예술가인 것은 오로지 그의 미묘한(아름다운) 아름다움에 대한 감각 때문인데, 이것이 그에게 보여주는 것은 도취하게 만드는 즐거움들입니다, 그러나 그것이 동시에 암시하고 포함하는 것은 모든 일그러진 형태들과 모든 불균형적인 것[아름답지 않은 것]들에 대한 마찬가지로 미묘한 감각입니다.

— 샤를 보들레르

정말 눈물이 날 정도로 아름다운 감각입니다. 존재하는 모든 것을 사랑하지 않고는 나올 수 없는 아름다움입니다. 모든 것은 완전한 본성의 표현이니 아름답지 않은 것이 어디 있으랴! 전체적인 사랑의 감동 속에 구원 있도다!

대상을 보는 범부와 성인 두 가지 관점

You can see neurosis from below - as a
sickness - as most psychiatrists see it.
Or you can understand it as a compassionate
man might: respecting the neurosis as a
fumbling and inefficient effort toward good
ends.　　　　　　　　　　　　　　— Abraham Maslow

우리는 노이로제를 아래[범부의 입장]로부터 - 하나의
질환으로 볼 수 있습니다 - 대부분의 정신과의사들이
하듯이. 또는 그것을 [위(성인)로부터] 자비로운 사람처럼
이해할 수 있습니다: 선한 목적을 위한 서투르고 비능률
적인 노력으로 보며 노이로제를 존중하는 것입니다.　— 에이브러햄 매슬로

이런 자비심은 큰 그림, 전체를 보는 지혜에서 나오는
것입니다. 그래서 지혜와 자비(사랑)는 함께 갑니다.

최상의 지혜 - 양변통합의 지혜

1 The union of cyclic existence and nirvana.
2 The union of the two truths.
3 The union of subjective perception and objective phenomena.
4 The union of purity and impurity.

1 윤회와 열반이 하나임(윤회 = 열반).
2 두 진실이 하나임(俗諦속제 = 眞諦진제).
3 주체의 인식과 인식의 대상이 하나임(內心내심 = 外境외경).
4 청정과 부정(不淨)이 하나임(청정 = 부정)

우리들의 눈에 깨끗해 보이는 것만 좋아하고 깨끗해 보이지 않는 것들에 대해서는 기분이 상한다면 우리는 반쪽의 행복 속에 살게 됩니다. 세상에는 언제나 우리의 마음에 들지 않는 것들이 있을 테니까요. 맛있는 것과 맛없는 것을 나누지 말고 한맛(一味일미)로 여기면서 즐기면 우리들의 기쁨은 조건을 초월한 성인(聖人)들의 큰 기쁨, 대락(大樂)이 됩니다.

맑은 날은 맑아서 좋고, 비 오는 날은 비가 와 좋으며, 하루도 거르지 않고 날마다 새로우니 경이로울 뿐이네.

Learn to enjoy harms done to you by others, for
these can dry up the rivers of misery.　　　— the Seventh Dalai Lama

남들이 당신에게 끼친 해를 즐기는 법을 배워요, 이들
해는 괴로움의 강물 말라버리게 할 수 있어요.　　　— 제7대 달라이 라마

**이런 해는 여러 가지 이익을 줄 수 있는데, 한 가지만
살펴보죠. 이런 경우에 우리가 보복하지 않고 그걸 감수
하면 그만큼 우리의 악업(불행자원)이 소멸되니까 우리는
그만큼 더 행복한 존재가 됩니다.**

Look past your thoughts, so you may drink
the pure nectar of This Moment.　　　— Rumi

보고 지나가라(버려라), 그대의 생각(분별망상)을, 그럼
이 위대한 순간의 청정한 감로수(기쁨) 마실 수 있으리니.　　　— 루미

기뻐해야 할 것과 하지 말아야 할 것

남들이 한 좋은 일을 기뻐하면 자기 자신도 같은 공덕을
얻는데, 질투하면 악업만 지을 뿐입니다. 그리고 남들이
살인 같은 끔찍한 일을 저질렀을 때 그걸 보고 기뻐하면
자기 자신도 같은 과보를 받게 된답니다.

마음으로 지을 수 있는 공덕(행복자원)

남들에게 유익한 행동을 실제로 하지 않더라도,
남들에게 유익하고 싶다고 소망하는 것만으로도
허공처럼 방대한 공덕 쌓을 수 있네.　　　　— 샨띠데와(Shantideva)

　　　　　[추천] 샨티데바의 행복수업 (입보리행론) — 김영로 옮김

무지는 다른 맛, 지혜는 한맛(一味일미)!

In ignorance different flavors are quite distinct;
With realization all flavors are essentially the same.
Likewise, in ignorance samsara and nirvana appear
　separate,
But with realization they become a pure pleasure
　union.　　　　　　　　— The Sarva Sarvabhaksha the Glutton

무지할 땐 다른 맛이 확실히 다르나,
깨달으면 모든 맛이 본질적으로 같네.
마찬가지로, 무지할 땐 윤회와 열반 달라 보이지만,
깨달으면 이들은 청정한 기쁨(大樂) 한 맛이네.
　　　　　　　　　　— (대성취자) 대식가 싸르와 싸르와박샤

(문맥) distinct = different = separate.
a pure pleasure union = the same (one flavor)

[핵심적인 명상자료]
성스러운(聖人의) 세계관(sacred outlook)

성스러움은 인생의 밝은 면을 보고 그것을 디딤돌로
사용하려는 것이 아니라 조건을 초월한 행복한 태도인데,
여기에는 다른 편이 없습니다. 그것은 단지 한 편이며,
한맛입니다. 여기서부터, 선(善)이 우리들의 마음속에
밝아오기 시작합니다. 그러므로 무엇을 우리가 경험하거나,
보거나, 듣거나, 생각하거나 - 이 모든 것들은 성스러운
느낌을 가집니다. 세상은 이 시점에서 친절로 가득 찹니다.
날카로운 구석들은 사라지기 시작하고, 어둠이 우리들의
인생에서 걷히기 시작합니다. ― 최감 뚱빠 (Chögyam Trungpa)

최감 뚱빠는 참으로 탁월한 스승입니다. 그의 법문은
다른 분들에게서 찾아보기 어려운 깊은 영감을 줍니다.
YouTube를 통해 들어보세요. 자막에 나오는 말에 오류가
많아서 적어도 key words는 들을 수 있어야 도움을
얻을 수 있습니다.

알고 보면 아픔은 기쁨이네!

When body and mind throb with aches beyond
   conception,
May we make a profound effort to visualize them
As friends who share our ripening black karma;
And thus may our thoughts abide in unmoving joy. — the Seventh Dalai Lama

몸과 마음이 상상할 수 없을 정도로 괴로울 때,
우리들이 심오하게 노력하여 관상하게 하소서, 그들이
친구로서 우리들의 악업이 익는 것을 공유한다고.
그리하여 우리들의 뜻(마음)이 부동의 기쁨 속에 머물게
   하소서. — 제7대 달라이 라마

붓다의 가르침에서 "심오한"은 많은 경우에 공성(空性)과 관련됩니다. 아픔은 심오한 지혜의 눈으로 보면 실재하지 않으며, 세속적으로는 악업을 정화해주고, 더 큰 기쁨으로 인도해줍니다.

[핵심적인 명상자료]
불교 최상의 지혜, 공성(空性) 명상의 핵심

Consider how all phenomena are like dreams,
And examine the nature of unborn awareness.
The opponent is freed on its own ground.
Place the essence of the path
In the sphere of the foundation of all.

— The First Dalai Lama

어떻게 모든 현상(법法)이 꿈과 같은지(空공한지)
   사유하라, [법공法空 - 외부대상(外境외경이 공하고)]
그리고 태어나지 않은(無生무생의) 의식(마음)의 성품을
   조사하라. [아공我空 - 내부 마음(內心내심도 공하며)]
대치법(공성)은 자신의 터전에서 해방된다(멸한다, 공하다).
   [공공空空 - 모든 것의 치료제인 공성 자체도 공하니]
이 길(道도)의 핵심을 모든 것의 기반(공성)의 영역에 두라.
   [도의 핵심=공성]

— 제1대 달라이 라마

(주의) 수행에는 세 단계가 있습니다. 1)법문을 듣거나
공부하여 지혜[聞慧문혜-들은 지혜]를 기르고, 2)이에 대해
곰곰이 사유해서 지혜[思慧사혜-사유한 지혜]를 기르며,
3)마지막으로 철저히 수습해서 완전히 자기 것으로 만드는
지혜[修慧수혜-수습한 지혜]를 기릅니다.

이런 철저한 과정을 거쳐야 비로소 수행자는 가르침과
완전히 하나가 되어 진정한 성장을 할 수 있습니다.

[추천] 로종 마음수련 - 제1대 달라이 라마 지음.
영역-라마 글렌(Lama Glenn) / 국역-아찰라 김영로

너무도 간단한 깨달음의 길!

All inner and outer phenomena perceived as mind,
Meditating with detachment, all has the same flavor.
In supreme meditation without effort or striving,
I found non-dual pure pleasure and perfect Buddhahood.

— The Yogini Siddha Mekhala
the Elder Severed-Headed Sister

모든 안과 밖의 현상(대상)을 마음(공성)으로 인식하고,
명상하며 집착하지 않으면 모두가 같은 맛(일미)이네.
수승한 명상으로 (의도적인) 노력이나 애씀 없이,
난 불이의(둘이 아닌) 대락과 완전한 붓다의 경지 얻었네.

— 요기니 성취자 메칼라 머리-잘린 자매 중 언니

최상의 삼문(身口意신구의) 수행 - 성인의 세계관

Body seen as the body of a buddha,
Speech incessantly reciting the vajra mantra,
Mind absorbed in bliss and wisdom conjoined:
Pursue this meditation and satiate your spirit.

— the Seventh Dalai Lama

몸은 붓다의 몸으로 보고,
말은 끊임없이 금강 진언 암송하며,
마음(뜻)은 낙공불이(樂空不二) 속에 몰입하여
이 명상으로 그대의 섬세한 마음 충만하게 하라.　　　— 제7대 달라이 라마

범부의 삼문(三門)은 붓다가 되면 삼밀(三密three vajras)로 바뀌어 파괴되지 않는다고 합니다.

Bestow upon us the oral teachings
Which render every experience meaningful.
Bless us to make our minds of one taste
With great bliss and ungrasping vision.　　　— The Seventh Dalai Lama

저희들에게 구전(口傳)의 가르침(핵심교의) 내려주시어
모든 경험을 의미 있게 만들어 주소서.
저희들에게 가피를 주시어 대락(大樂)과 공성(空性)으로
저희들의 마음을 일미(一味)로 만들어주소서.　　　— 제7대 달라이 라마

(표현) bestow X upon Y

ungrasping (unapprehending) vision: ['안 붙잡는 (實執실집하지 않는) 견해'] 공관(空觀), 공성

영원한 젊음의 비결 - 낙공불이의 지혜

Wisdom-power sees the world as a mandala
And the dance of the beautiful consort flows.
The mind locks in samadhi focused
Upon youthful awareness of bliss and void,
And the delight which soars freely
In all situations is known.

지혜-힘은 세상을 만달라로 보고,
아름다운 명비의 춤이 흐르며, 마음은 삼매 속에서
대락과 공성에 대한 싱싱한 의식에 몰입하여,
기쁨이 어느 상황에서나 자유로이 솟아오르네.

(역자) 지혜의 마음, 각성(의식)은 '영원한 지금'(eternal now)에 머무르기 때문에 항상 '젊은'(싱싱한) 것입니다. 지혜의 보살 문수 앞에 youthful(젊은)이 붙는 게 바로 이런 이유 때문입니다. 영원한 젊음의 비결은 신체적인 성형이 아니라 시간을 초월하는 지혜의 마음입니다.

공간과 지혜의 융합

When conceptual thought is infused with space and awareness, the result is the pure pleasure (mahasukha) of a thoughtless trance.

개념적인 생각(분별)이 공간과 각성과 융합되면, 그 결과는 청정한 즐거움(대락)인데, 이것은 생각(분별)을 초월한 기쁨입니다.

섹스 - 위대한(초월적인) 통합으로 가는 길

Sexuality can be part of the path to enlightenment because erotic experience already contains the seeds of enlightened awareness : blissfulness and loss of ego boundaries. (문맥) sexuality = erotic experience

성교는 깨달음의 길의 일부가 될 수 있습니다, 왜냐하면 성적 경험에는 이미 깨달은 의식의 씨앗인 황홀감과 무아감이 들어있기 때문입니다.

붓다의 남녀 교합상이 상징하는 것

The image of male and female deities in sexual embrace is a symbolic portrayal of the inner unification of our male and female energies. On a deeper level, their embrace symbolizes the aim of the very highest tantric practices : generation of a most subtle and blissful state of mind that, by its very nature, is supremely suited to penetrate ultimate reality and free us from all delusion and suffering. On this level, the male figure represents the experience of great bliss while the female is the symbol of nondual wisdom.

(문맥) is a symbolic portrayal of = symbolizes = represents = is the symbol of

남녀 붓다들의 성적인 교합상이 상징하는 것은 우리들의 남녀 에너지의 내적인 통합입니다. 더 깊은 수준에서, 그들의 교합이 상징하는 것은 가장 높은 딴뜨라 수행의 목표인 가장 섬세하고 기쁜 마음의 상태인데, 이 상태는, 바로 자체의 성격상, 궁극적인 실상(공성空性)을 파악하여 우리들을 모든 번뇌와 고통으로부터 해방시키기에 가장 적합한 것입니다. 이 수준에서, 남존상이 상징하는 것은 커다란(초월적) 기쁨(대락大樂)이고 반면에 여존상이

상징하는 것은 (공성을 깨달은) 불이[樂空不二낙공불이]의
지혜입니다.

(역자) 이런 깊은 뜻을 모르는 분들은 이런 성스러운 상을
보고 불경한 마음을 내어 자기 자신에게도 엄청난 불이익을
줄 수 있습니다. 무지는 약이 아니라 문제와 고통의 뿌리임!

색즉시공(色卽是空)이란 지혜를 통해 우리가 나타난 모습으로
부터 벗어나듯,
낙공불이(樂空不二)란 지혜를 통해 우리는 낙으로부터도 해방될
수 있습니다.

[핵심적인 명상자료]
성인(聖人) 용수의 대승의 핵심 가르침

이해가 안 되는 분들은 한 번 살펴만 보고 지나가십시오. 언젠가는 밝은 날이 올 것입니다.

놀랍게도 이 짧은 글에 부처님의 핵심 가르침들이 요약되어있습니다. 용수보살이 제2의 붓다라고 불리는 이유를 알게 될 것입니다.

Nagarjuna's Mahamudra Vision
[Twenty Mahayana Verses]

나가르주나의 마하무드라(大印대인, 대통합) 견해
[20개 마하야나(대승) 게송]

Homage to Manjusrikumarabhuta!
고귀하고 "영원히 젊은 문수사리"께 예경합니다!

(역주) 최상의 지혜는 모든 조건(특히 시간)을 초월하므로 모든 깨달은 분들의 지혜를 상징하는 문수는 "영원히 젊은" 분이라 불립니다. 찬란한 내면의 빛, 반야(초월적 지혜)가 젊음의 비결입니다.

1

I bow down to the all-powerful Buddha
Whose mind is free of attachment,
Who in his compassion and wisdom
Has taught the inexpressible.

모든 능력을 갖춘(전능한) 부처님께 고개 숙여 절합니다.
마음은 탐착을 여의시고,
자비와 지혜로 가르쳐주셨네, 말로 표현할 수
없는 것(空性공성)을.

(역주) 말로 나타낼 수 있는 것은 지적(知的), 이원적,
간접적인 지식뿐입니다. 이런 범부의 지식으로는
완전한 깨달음의 자유와 행복을 얻을 수 없습니다.

2

In truth there is no birth -
Then surely no cessation or liberation;
The Buddha is like the sky
And all beings have that nature.

출생이 실재하지 않으니(無生무생) -
그럼 틀림없이 소멸이나 해탈도 없으리.
부처님은 하늘같고
모든 중생들도 같은 성품(空性공성) 갖고 있네.

3

Neither Samsara nor Nirvana exist,
But all is a complex continuum
With an intrinsic face of void,
The object of ultimate awareness.

사바(세속)도 열반도 실재하지 않고,
모든 것은 하나의 복합적인 상속(흐름)으로
본래 공(空)의 얼굴 가진,
궁극적인 각성(지혜)의 대상이네.

(역주) 흐름 = 끊임없는 변화 = 공성(空性)

4

The nature of all things
Appears like a reflection,
Pure and naturally quiescent,
With a non-dual identity of suchness.

(문맥) identity = nature

모든 것의 성품은 반사된
영상(幻影환영)처럼 나타나니(空공하니),
청정하고 본래 적정(寂靜)하며,
둘이 아닌 진실, 진여(眞如)의 성품 갖고 있네.

5

The common mind imagines a self
Where there is nothing at all,
And it conceives of emotional states -
Happiness, suffering, and equanimity.

(문맥) conceives of = imagines

범부의 마음은 자아가 있다고 상상하네(我執아집)
전혀 아무것도 없는데도(無我무아).
그리고 그것은 감정의 상태(번뇌)들을 일으키네,
즐거움(낙)과 괴로움(고)과 중성적인 상태(비고비락)를.

(역자) 바로 여기에 인간의 고통의 근원이 있습니다. 아집에서 좋아하는 것에 대한 탐착(탐)과 좋아하지 않는 것에 대한 분노(진)와 이 둘이 아닌 것에 대해 상관하지 않는 어리석음(치)이 일어납니다. 그래서 수행은 아집의 속박에서 벗어나 무아의 무한한 자유와 큰 안락(大樂대락)을 얻는 것입니다.

6

The six states of being in Samsara,
The happiness of heaven,
The suffering of hell,
Are all false creations, figments of mind.

윤회하는 중생들의 여섯 가지 길(六道육도),
천상[三善道삼선도]의 행복과
지옥[三惡道삼악도]의 고통은
모두 가짜 창조물(실재하지 않는 것), 마음이 만든 거네.

(역주) 마음이 만든 건 공(空)할 수밖에 없습니다.
마음 자체가 공하니까.

7

Likewise the ideas of bad action causing
    suffering,
Old age, disease and death,
And the idea that virtue leads to happiness,
Are mere ideas, unreal notions.

(문맥) bad action ↔ virtue (= good action).
lead to = cause. mere = unreal. ideas = notions

마찬가지로 악업이 고통,
노화, 질병과 죽음 가져온다는 관념과
선업이 행복을 가져온다는 관념은
단지 관념, 실재하지 않는(空공한) 관념일 뿐이네.

8

Like an artist frightened
By the devil he paints,
The sufferer in Samsara

Is terrified by his own imagination.

화가가 자기가 그리는[그린]
악마를 보고 겁을 먹듯,
사바에서 고통 받는 사람은
자기 자신의 상상(관념)으로 겁먹네.
(문맥) terrified = frightened

(역자) 우리들을 지배하는 것은 외부대상이나
환경이 아니라 우리들의 생각이나 관념입니다.
이들 생각과 관념은 무명(無明),무지의 산물이어서
우리들에게 고통을 줍니다.

9

Like a man caught in quicksands
Thrashing and struggling about,
So beings drown
In the mess of their own thoughts.

유사(流沙) 안에 빠진 사람이
허우적거리며 이리저리 발버둥 치듯,
마찬가지로 중생들은 자기들 자신의
생각(망상)의 진창 속에 빠져죽네(발버둥 치네).

(역주) 관념의 진창(늪)에 빠져있는 것이
윤회이고, 해탈은 거기에서 벗어나는 것입니다.

10

Mistaking fantasy for reality
Causes an experience of suffering;
Mind is poisoned by interpretation
Of consciousness of form.

환상을 현실(실상)로 착각함으로써
고통을 경험하게 되니,
이것은 나타나는 형상(色색)에 대한 의식의
[그릇된] 해석(오해)으로 마음이 유독해지기 때문이네.
(표현) mistake X for Y

11

Dissolving figment and fantasy
With a mind of compassionate insight,
Remain in perfect awareness
In order to help all beings.

상상과 환상을 녹여버리고
마음속에 자비로운 통찰력(지혜) 갖고
완전한 각성 안에 머무르며
모든 중생들을 도우라.

12

So acquiring conventional virtue
Freed from the web of interpretive thought,
Insurpassable understanding is gained

As Buddha, friend to the world.

그리하여 세속적인 복덕 얻고
거미줄처럼 얽힌 분별망상에서 벗어나면,
최상의 이해(통합적인 깨달음의 지혜) 얻어
붓다 되어 세상의 친구 되리라.

13

Knowing the relativity of all,
The ultimate truth is always seen;
Dismissing the idea of beginning, middle
   and end
The flow is seen as Emptiness.

모든 것의 상대성(상대적 진실, 俗諦속제, 다양성)을 알면,
언제나 궁극적인(절대적 진실眞諦진제, 통일성)이 보이는 법.
시작과 중간, 끝이라는 관념 버리면
그 흐름(계속되는 변화)이 공(空)으로 보이리라.

(역주) 모든 것은 끊임없이 조건에 따라 흘러가므로
(생멸하므로) 고정적으로 혹은 독립적으로 존재하지
않습니다(空공합니다).

14

So all samsara and nirvana is seen as it is -
Empty and insubstantial,
Naked and changeless,
Eternally quiescent and illumined.

그리하여 모든 사바와 열반이 있는 그대로 보이리라 -
비워있고 실체가 없으며(空공하며),
꾸밈없고 변함없으며,
영원히 고요(寂靜적정)하고 밝은.

(역주) 이것이 우리가 알아야 할 있는 그대로의
진실, 실상입니다: 모든 게 공하고 고요하며, 더 이상
보태거나 바랄 게 없이 완전하다는 것 - 바로 이것이
우리들의 본래의 고향, 영원한 낙원입니다!

15

As the figments of a dream
Dissolve upon waking,
So the confusion of Samsara
Fades away in enlightenment.

꿈에서 본 형상들이
깨어나면 사라지듯,
사바의 미혹(번뇌)도
깨달으면 사라지네.

16

Idealizing things of no substance
As eternal, substantial and satisfying,
Shrouding them in a fog of desire
The round of existence arises.

실체가 없는 것들을 영원하고, 실체가 있으며
만족스러운 것으로 이상화(실재화)하고,
이것들을 욕망의 안개 속에 덮음(無明무명)으로써
윤회가 일어나는 거네.

17

The nature of beings is unborn
Yet commonly beings are conceived to exist;
Both beings and their ideas
Are false beliefs. (문맥) beliefs = ideas

중생들의 성품(본성)은 무생(無生)이지만
흔히 우리는 중생들이 실재(實在)하는 것으로 생각하네,
중생들과 그들에 대한 관념은
그릇된 것이네.

18

It is nothing but an artifice of mind
This birth into an illusory becoming,
Into a world of good and evil action
With good or bad rebirth to follow.

이것은 마음이 만든 것일 뿐
이렇게 태어난다는 것, 환영 같은 존재로,
선업과 악업의 세계 속으로.
좋은 환생과 나쁜 환생이 뒤따르는.

19

When the wheel of mind ceases to turn
All things come to an end.
So there is nothing inherently substantial
And all things are utterly pure.

마음(분별망상)의 바퀴가 돌기를 멈추면
모든 것은 끝이 나네.
그래 모든 것은 본래 실체가 없고 [本來空본래공]
모든 것은 완전히 청정하네. [本來淸淨본래청정]

20

This great ocean of samsara,
Full of delusive thought,
Can be crossed in the boat Universal Approach.
Who can reach the other side without it?

이 거대한 윤회의 바다,
번뇌 망상으로 가득 차 있으나,
전체적(대통합의) 방편이라는 배로 건널 수 있네.
누가 이 배 없이 건널 수 있으랴?

[추천] 보현행자의 서원 - 광덕 스님 지음/
영역- 아찰라 김영로

[핵심적인 명상자료]

불교 최상의 지혜의 감로수 - 공성(空性) 수행
두 가지 존재

1 상호의존적인 존재(interdependent existence) =
   무아(無我) [긍정의 대상] → 합일(자비)로 인도함

모든 것은 원인(因인)과 조건(緣연)에 의지해 일어나
(연기緣起) 머물다 사라집니다. 연기는 모든 존재가
하나로 연결되어있다는 것을 보여줍니다. 그러니까
모든 존재는 하나의 덩어리나 마찬가지이고 모든
중생은 하나의 가족입니다. 연기를 통해 우리는 우주
전체와 합일로 가는 큰 지혜와 사랑을 배울 수
있습니다. [연기 ← 인연생기(因緣生起)]

2 독립적인 자기-존재(independent self-existence) =
   고유한 존재(inherent existence) = 자성(自性) =
   자아(自我) [부정의 대상] → 해탈(지혜)로 인도함

그대가 고유한(독립적인) 존재와 고유한 존재의 부재
(不在, 空性공성)를 존재(有유)와 비존재(無무)와 구별
하면, 그대는 무수한 그릇된 견해를 극복할 것이다.

— 쫑카빠(Tsongkhapa)

[핵심적인 명상자료]

Three modes of apprehending an object
대상을 파악하는(보는) 세 가지 방식

Also known as the three I's when the referent object is the self; they are the three possible ways we can experience any object: seeing it as truly existent, seeing it as not truly existent and seeing it without qualifying it one way or the other.

* qualifying 제한하는(limiting; restricting)

또한 세 '나'로 알려져 있습니다, 가리키는 대상이 자기일 때. 세 가지 가능한 방식으로 우리는 대상을 경험할 수 있습니다: 그것이 진실로 실재하는 것으로 보는 것 [常見상견], 그것을 진실로 실재하지 않는 것으로 보는 것 [斷見단견], 그리고 그것을 어느 한 가지 방식이나 다른 방식으로 제한하지 않고 보는 것[중관].

공성에 대한 형이상학적-형이하학적 접근

With loha-rajas (金塵) as the zero base of matter, above which can be called physical, and below which metaphysical, then 'form is but sunyata and sunyata but form(色卽是空 空卽是色)' can easily illustrate that the two (form and sunyata) are not originally two but one (reality). - Great Korean Master Geumtha

금진을 물질의 zero 기반으로 삼고, 그 위는 형(形)이상학적이라 부르고, 아래는 형이하학적이라고 하면, '형(色색)이 곧 공(空), 공이 곧 형이라는 것'을 쉽게 설명할 수 있습니다. 이 둘(형과 공)이 본래 둘이 아니라 하나(法性법성=實相실상)라는 것입니다. - 금타(金陀) 대화상

(역자) 형(色색)以上: 물질이 존재하는 차원 + 형以下: 물질이 존재하지 않는(부재한, 空공한) 차원 = 하나(의 수직선). 위로부터 시작해서 아래로 보면: 색 → 공(色卽是空) - 아래로부터 위로 보면: 공 → 색(空卽是色).

이런 접근은 금타 존자께서 최초로 시도하신 것 같습니다.

양면의 지혜: 거시적인 세계와 미시적인 세계

In relativity, movement is continuous, causally determinate and well defined, while in quantum mechanics it is discontinuous, not causally determinate and not well defined. — David Bohm(1917-1992), American physicist

상대적인(거시적인, 거친) 세계에서는, 운동이 연속적이고, 인과가 정해져있고 잘 구분되어있습니다. 반면에 양자역학(미시적인, 섬세한 세계)에서는 그것(운동)이 불연속적이고, 인과가 정해져있지 않으며 잘 구분되어있지 않습니다. — 데이비드 밤(1917-1992), 미국의 물리학자

마음(의식)의 흐름이란 무엇인가?

mindstream (mental continuum): Succession of discrete moments of consciousness proceeding endlessly from lifetime to lifetime.
(문맥) discrete = discontinuous

마음의 흐름: 잇따른 불연속적인 순간들의 의식(마음) 으로서 한 생으로부터 다음 생으로 끝없이 나아가는 것.

어째서 의식의 흐름은 불연속적일까요? 들숨이 생(生)이라면 날숨은 멸(滅)이라고 볼 수 있습니다. 이런 매 순간 일어나는 생멸(찰라생-찰라멸)에서 멸 때문에 의식은 연속적일 수 없습니다. 우리가 극심한 통증을 견딜 수 있는 것은 바로 멸이 제공해주는 쉼(휴식) 덕분입니다. 또한 생멸은 존재의 변화와 진화의 리듬입니다.

몸과 마음의 세 가지 수준 〈에너지

1 거친 몸: 살과 뼈로 구성된 업보(業報)의 몸 [죽음의 과정에서 소멸]

2 섬세한 몸: 에너지 채널, 생명의 바람, 하얀 보리심 (남자의 정액, 白精백정)과 붉은 보리심(여자의 정혈, 赤精적정) [죽음의 과정에서 소멸]

3 매우 섬세한 몸: 이것은 가장 섬세한 마음의 운반체인 생명의 바람으로서 마음과 하나로 결합되어있음 [죽음의 과정에서 소멸하지 않음]

1 거친 마음: 다섯 가지 감각(시각, 청각, 후각, 미각, 촉각)의 마음 [죽음의 과정에서 소멸]

2 섬세한 마음: 분별적인 마음과 번뇌 [죽음의 과정에서 소멸]

3 매우 섬세한(심오한) 마음: 존재의 공성을 깨닫는 "맑은 빛 (지혜) 마음"(정광명淨光明). 이것은 심장의 불괴명점(不壞明占)이라는 저장고에 있는 매우 섬세한 바람(몸)과 하나로 결합되어있는데, 죽을 때는 누구나 이 매우 섬세한 마음을 경험한다고 합니다. [죽음의 과정에서 소멸하지 않음]. 이것이 진짜 우리들의 모습(본래면목, 불성佛性)이며 가장 귀한 보물입니다! 수행을 통해 우리가 완전한 깨달음을 얻으면 이 마음이 모든 것을 아는 붓다의 일체지(一切智)의 마음이 된답니다.

[핵심적인 명상자료]
소음에 대한 스트레스로부터 벗어나는 비법

In order to achieve silence, you don't have to chase the birds away because they're making noise. In order to be still, you don't have to stop the movement of air or the rushing river. If you accept them, you will yourself be aware of the silence. Just accept them as part of the establishment of silence. The noise that birds make is one factor,

and one's psychological concept of noise is another.
And when one can deal with that side, the noise of
birds becomes merely audible silence.   — Chögyam Trungpa

소리 없는 상태에 도달하기 위해, 새들을 쫓아버리지 않아도
됩니다, 그들이 소리를 낸다고. 움직임 없는 상태에 도달하기
위해, 공기의 움직임이나 강의 흐름을 정지시키지 않아도
됩니다. 다만 그것들을 소리 없는 상태의 일부로 받아들이세요.
새들이 내는 소리와 소리에 대한 우리들의 마음속의 관념은
별개의 것입니다. 그리고 우리가 이것을 이해할 수 있으면,
새들의 소리는 단지 들을 수 있는 소리 없음이 됩니다.   — 최감 뚱빠

(문맥) silence = noise, still = without movement

1 어떤 소리: 우리들의 객관적 지각의 대상 - 외경(外境).
2 그 소리에 대한 우리들의 반응(주관적 태도) - 내심(內心)에
   의해 결정됨
3 소리 (있음) = 소리 없음의 일부(소리가 있기에 소리 없음
   (고요)이 있을 수 있음.
   소리는 고요(소리 없음)의 표면이고, 고요는 소리의 내면(본성)!

이런 식의 분석명상을 통해 소리에 대한 바른 이해에 도달하고
나서, 존재하는 것이 모두 그러하듯, 소리가 얼마나 귀중한 행복
자원인지 깨닫고, 적극적으로 이용합니다. 아름다운 음악이나
만뜨라 등을. 뿐만 아니라 소리는 금방 사라지므로 공성수행
자료로도 매우 훌륭합니다.

Gaining a direct perception of sound, he heard the sound of silence. (문맥) heard = perceived

소리를 직접적으로 파악하자, 그는 소리 없는 소리(소리의 공성)를 파악했습니다. [*소리를 직접적으로 파악하다 = 소리의 본성(공성)을 파악하다.]

The purpose of reciting mantra is to understand all sound as emptiness, as nondual with emptiness.

진언을 암송하는 목적은 모든 소리를 공(空)으로, 공과 둘이 아닌 것으로 이해하는 것입니다.

명상 = 실상(實相)에 대한 기억(억념) 증가

Why does Buddhism put so much emphasis on meditation? It's because our mind is so gross and our memory so poor that we forget things easily and cannot recall our countless lives' experiences. The purpose of meditation, therefore, is to increase, or develop, our memory, or mindfulness, of reality.

— Lama Yeshe

왜 불교가 명상을 이토록 많이 강조할까요? 그건 우리들의

마음이 너무 거칠고 너무 빈약해서 쉽게 잊어버리고 우리의
무수한 전생을 기억할 수 없기 때문입니다. 그러므로 명상의
목적은 실상(공성)에 대한 우리들의 기억 또는 억념을 증가
시키거나 개발하는 것입니다.

— 라마 예세

(표현) put emphasis on ~ = emphasize ~

[핵심적인 명상자료]

양면의 지혜의 중요성

Be heedful even of small nonvirtues,
even though you realize the nature of karma
and result as space. — Milarepa to Gampopa

작은 불선업조차 주의해라, 비록 네가 깨달아도,
업과 과보의 성품이 허공 같음(空공함)을.

— 밀라레빠가 제자 감뽀빠에게

(표현) be heedful of = to heed

우리는 속제와 진제 둘 다 알고 이용해야 합니다.
세속적인 차원을 무시하면 우리는 아무것도 할 수
없고, 궁극적인 차원을 무시하면 우린 결코 해탈할
수 없습니다. 이 가르침 덕분에 우린 모든 걸
이용하면서 동시에 모든 것에서 벗어날 수 있습니다.

해탈로 가는 길 - 모든 경험 = 공성

Liberation is only possible through
realizing the basic unity of experience and
emptiness.
— Tulku Urgyen Rinpoche

해탈을 가능하게 만드는 것은 오로지 자기가
경험하는 것이 근본적으로 공과 하나라는 것을
깨닫는 것입니다.
— 뚤꾸 우겐 린뽀체

달마대사가 제자를 깨달음으로 인도하는 방법

Drigom was unable to stop conceptual thoughts and judgments. Dampa commanded her: "Sleep with your older brother! If you won't, I'll beat your head!" He stood up naked and raised a stone.

디곰은 개념적인 사고와 판단을 멈출 수 없었습니다. 달마대사가 그에게 명령했습니다: "너의 오빠와 자거라! 그렇게 안 하면, 네 머리를 때릴 거야!" 그는 발가벗고 일어나서 돌을 하나 들어 올렸습니다.

(역주) 여기서 '발가벗는' 것은 모든 개념적인 생각과 판단의 속박에서 완전히 벗어나는 것을 상징합니다.

Then he said, "If you won't prostrate naked to me, I'll loose the wolves on you.

She asked, "Where are the wolves?"

그러고는 그가 말했습니다, 네가 발가벗고 내게 절하지 않으면, 늑대들을 너에게 풀어놓을 거야.

그가 물었습니다, "늑대가 어디 있어요?"

He said, "In the House of Dependent Arising!" and two wolves came out. Terrified, she threw off her clothes and prostrated. In that very moment, she was blessed.

He laughed, "Now you are freed from the suffering of cold!"

그가 말했습니다, "연기(緣起)의 위대한 집에 있지! 그러자 늑대 두 마리가 나왔습니다. 기겁을 하고, 그는 옷을 벗어 던지고 절을 했습니다. 바로 그 순간에, 그는 가피를 받았습니다.

그가 웃었습니다, "이제 너는 추위의 고통으로부터 벗어났다!"

(역주) 깨달은 분들은 자기 자신과 밖의 에너지를 자기 뜻대로 다룰 수 있기 때문에 자기 자신을 다른 모습으로 바꿀 수 있고 무수한 기적을 만들 수 있습니다. 그래서 이런 성인을 일체지자(전지한 분)나 전능한(막강한) 분이라 부르는 것입니다. 이런 분들이 우리들의 롤 모델입니다. 워낙 위대한 분들이라 지금은 너무 아득해 보이겠지만 이런 분들을 만난 것 자체가 엄청난 행운이니 이것만으로도 우리들의 마음은 더 넓어지고 행복해질 수 있습니다.

Nudity symbolizes utterly unobscured awareness.

발가벗음이 상징하는 것은 전혀 가려져있지 않은 각성(순수한 의식)이다.

Take off the clothes of conception and hurry to the meadow of great bliss!
— Padampa Sangye

관념이란 옷 벗어버리고 서둘러 대락(大樂)의 초원(열반)으로 가라.
— 달마대사

통합의 길 - 몸과 마음은 하나

Where attention goes, energy flows.
관심(마음) 가는 곳에, 에너지(몸)가 흘러갑니다.

가장 깊은 차원에서 우리들의 몸(에너지)과 마음은 하나로 통합되어 있으며 우리가 성불할 때까지 항상 우리들과 함께 한답니다. 이런 점에서 중생은 영원한 존재요 미래의 붓다입니다.

Never give attention to misery, because you are nourishing the misery.

불행에 관심을 주지 마세요, 왜냐하면 그것은 그
불행에 영양(에너지)을 공급하는 것이니까요.

Samsara is to see faults in others.　　　　　　　— Tilopa

윤회의 세계는 남들에게서 허물을 보는 것이다.　　　— 띨로빠

We practice inattention to any fault
we think we see in others!
(= We practice not paying attention to any fault
 we think we see in others.)

우리는 잘못에 관심을 기울이지 않는 훈련을 합니다,
우리가 남들에게서 본다고 생각하는 그 잘못 말입니다.

좋은 것에 관심을 가지면 세상의 행복이 증가하고
나쁜 일에 관심을 가지면 세상의 불행이 증가합니다.

관심이 가져오는 경이로운 변화

The moment one gives close attention to
anything, even a blade of grass, it becomes
a mysterious, awesome, indescribably magnificent
world in itself.
— Henry Miller

우리가 어떤 것에 주의 깊은 관심을 기울이는 순간,
심지어 풀잎 하나라도, 그것은 신비스럽고, 놀라우며,
표현할 수 없을 정도로 멋진 세계 자체가 됩니다.
— 헨리 밀러

Chanting mantra for just five to fifteen minutes a
day will have a healing effect on the body and mind.

만뜨라를 하루에 5분부터 15분까지만 해도 치유효과를 몸과
마음에 가져옵니다. (표현) have an effect on ~ = to affect ~

불괴명점(不壞明点) = 삼보(불법승)

The undying heart-drop of mind and energy within you
Should be known as Buddha, Dharma, and Sangha.
Then one can freely enjoy food and drink
and transform them all into secret offerings.
— the Seventh Dalai Lama

자기 안에 있는 멸하지 않는 마음과 에너지(몸)의 심장-방울
(不壞明点불괴명점)이 불법승(삼보)이라고 알아야 한다.
그럼 우린 자유로이 먹을 것과 마실 것을 즐기고
이들 모두를 전환해서 은밀한 공양물로 바칠 수 있다. ― 제7대 달라이 라마

(역주) 이 불괴명점에는 우리들의 가장 섬세한 마음과 몸이
들어있는데, 우리가 완전한 깨달음을 얻으면 이것이 붓다의
법신(法身)과 색신(色身)이 된다고 합니다.

언제나 부드러운 지혜와 자비의 마음으로!

"심장 안에는 부드러운 지혜-바람(wisdom-wind慧風
혜풍)이 머무르는데, 폐 안에는 거친 업의 바람(karmic
wind業風업풍)이 머문다고 합니다."

수행은 부드러운 지혜의 바람으로 거친 업풍 녹이는
정화의 과정이자 전체적인 사랑, 대자대비를 기르는
성스러운 일입니다.

The less effort, the faster and more powerful
you will be. ― Bruce Lee

힘을 덜 들일수록, 당신은 더 빨라지고 더 강해집니다. ― 이소룡

세상에서 가장 부드러운 에너지가 세상에서 가장 단단한 것을 이깁니다. 이것으로 보아 나는 압니다, 행위를 하지 않는 것(無爲무위)이 유리하다는 것을. — 노자(老子)

There's a whole lot of power when I act,
　because whatever happens I'm relaxed.
There's a whole lot of power flowing easily
　when actions are naturally relaxes and free. — Milarepa

엄청난 힘이 있다네, 내가 행동할 땐, 뭐가 일어나든
　난 긴장하지 않으니까.
엄청난 힘이 쉽게 흐른다네, 행동이 저절로
　긴장되어있지 않고 자유로울 때는. — 밀라레빠

(역자) 긴장은 주위의 에너지와 충돌합니다.

즐겁게 일하는 비결 - 정진 = "순추"(티베트어) "ecstasy"(황홀) - 일과 일체감(몰입)

Take up joyous perseverance,
Which when engaged in meditation
Or when working for the good of the world,
Knows untiring joy alone, even should the body
　fall to dust.

All spiritual realizations lie in the palm of the hand,
And with joyous effort are easily attained.
One literally glows with pure energy, and
All works quickly reach completion.
Constantly hold joyous effort.
　　　　　　　　　　　　　　　— the Seventh Dalai Lama

즐거운 노력(精進정진)을 시작하라, 왜냐하면
이렇게 수행하거나 세상의 이익을 위해 일하면,
지치지 않고 기쁘기만 하니까,
몸이 부서져 가루가 되더라도. (표현) fall / to dust
떨어져 가루가 되다

모든 수행으로 인한 깨달음은 자기 손안에 놓여있고,
즐거운 마음으로 노력(정진)하면 쉽게 이뤄진다.
이렇게 하면 수행자는 그야말로 청정한 에너지로 빛나고,
모든 일은 신속하게 성취된다.
언제나 정진하라.
　　　　　　　　　　　　　　　— 제7대 달라이 라마

깊고 심오한 수준까지 들어가야 하는 이유!

Unless we can change our hearts at a deep
and profound level, the samsaric traits of our
personality will remain and we will still be
seduced by appearances. — Tulku Urgen Rinpoche

만일 우리가 우리의 마음을 깊고 심오한 수준에서
바꿀 수 없으면, 우리의 인품의 윤회적인 특징들은
남게 되고 우리는 여전히 눈에 보이는 겉모습에 의해
오도(誤導)될 것입니다.

— 뚤꾸 우젠 린뽀체

(역자) **"작심삼일"이란 말이 보여주듯 얕은 결심은 오래 가지 못합니다. 내면 깊은 곳에서 이루어진 확고한 결정만이 오래 가거나 실현될 수 있습니다. 내면 깊은 곳은 쉽게 변하지 않는 섬세한 마음과 죽음도 파괴하지 못하는 가장 섬세한 마음이 자리 잡고 있기 때문입니다.**

경이로운 집중, 선정의 힘

The yogin who has attained mastery of meditative
concentration is able to transform whatever he or
she focuses on, such as the four elements, however
he or she wishes through the power of samadhi.

요가 수행자가 선정을 매스터하면 자기가 집중하는 것을, 예를 들어, 4대(四大) 같은 것을, 삼매의 힘을 이용하여 바꿀 수 있습니다. (표현) attain mastery of ~ = to master ~

(역자) 이것이 수행자들의 "일반적인 성취," 신통력이고. "최상의 성취"는 성불(成佛)입니다.

Blessing (축복) 가피
transforming powers ('전환하는 힘') 가피력

The transformation of our mind from a negative state to a positive state, from an unhappy state to a happy state, or from a state of weakness to a state of strength, through the inspiration of holy beings such as our Spiritual Guide, Buddhas, and Bodhisattvas.

우리들의 마음이 바뀌는 것, 부정적인 상태로부터 긍정적인 상태로, 불행한 상태로부터 행복한 상태로, 혹은 약한 상태로부터 강한 상태로, 이것은 영감을 통해서입니다, 우리들의 선지식과 불보살님들 같은 성인(聖人)들이 주는 영감말예요.

참회가 빠를수록 좋은 이유!

만일 당신이 죄업을 전혀 참회하지 않으면, 그 죄업은
날마다 두 배로 증가하고, 작은 죄업이 큰 죄업이
됩니다. 예를 들어, 이(벌레) 한 마리를 죽이는 것은
하찮은 죄업입니다. 그러나 그것을 참회하지 않으면,
15일 뒤에는 16,384배 커집니다. 그것이 이제는 한
사람을 죽인 것과 거의 같아진 것입니다. — 빠봉까 린뽀체(Pabongka Rinpoche)

사랑(plus 에너지) + 미움(minus 에너지) = 0(zero)

The presence of love in the mind immediately
pacifies whatever negative energy is present in
one's environment. The force of the delusions is
weakened, and the iron grip of negative karma
is loosened. — Buddha

사랑이 마음속에 있으면 즉시 진정된다, 어떤 부정적인
에너지가 자기 주위에 있든지. 미혹(번뇌)의 힘은 약화
되고, 악업의 강철 같은 장악(힘)은 완화된다. — 붓다

위대한(초월적인) 사랑(大慈대자)의 위력 = 연금술

Through Love all that is bitter will be sweet,
Through Love all that is copper will be gold,

Through Love all dregs will become wine, and
through Love all pain will turn to medicine. — Rumi

(문맥) be = become = turn to

위대한 사랑을 통해 모든 쓴 것은 단 것이 되고,
위대한 사랑을 통해 모든 구리는 금이 되며,
위대한 사랑을 통해 모든 찌꺼기는 와인이 되고,
위대한 사랑을 통해 모든 아픔은 약이 되오. — 루미

아픔까지도 축복처럼 다가오는 날 - 비로소 그댄
온갖 투쟁으로부터 해방되어 살아 숨 쉬는 경이로움
맛볼 수 있으리라!

매우 중요한 치유 에너지: 열과 안락/기쁨

The most important healing energies: heat and bliss/joy.

열에 치유력이 있는 것은 그것이 혈관을 확장시켜 피가 잘 돌게 하고 몸을 이완시키기 때문입니다. 게다가 공성(무한)에 대한 수행으로 마음까지 완전히 열리면 치유는 더욱더 증진될 겁니다.

person = being = self = I (사람 = 존재 = 자기 = 나)

An I imputed in dependence upon any of the five aggregates.

사람: 오온 중 어느 것을 의지하여(기반으로) 설정된 '나'

위의 정의에 따르면 '나'는 다섯이 됩니다. 그러므로 오온은 '나'가 아닙니다.

오온(五蘊)은 우리들의 자아설정의 기반일 뿐이지, 그 자체가 우리는 아닙니다.

[핵심적인 명상자료]
불교의 놀라운 양변부정, 중도(해탈)의 논리

사람은 오온과 별개체로서도, 사람의 존재를 설정하는
기반인 오온 내에(동일체로)서도, 발견되지 않는다. ― 나가르주나

사람은 오온과 같지도 다르지도 않다는 말입니다. 오온
자체가 사람은 아니지만 오온을 떠나 사람은 존재하지
않기 때문입니다. 이런 양극단에 대한 부정을 통해 우리는
중도의 평온, 위대한(초월적인) 기쁨(大樂)을 얻을 수
있습니다.

Madhyamaka 중관학파 - 중도의 지혜

The Middle Way School of Buddhist philosophy;
a system of analysis founded by Nagarjuna, based
on the prajnaparamita sutras of Shakyamuni Buddha,
and considered to be the supreme presentation of
the wisdom of emptiness. This view holds that all
phenomena are dependent originations and thereby
avoids the mistaken extremes of self-existence and
non-existence, or eternalism and nihilism.

중도학파의 불교철학으로 이 분석체계는 나가르주나가 창시했고, 그 기반은 석가모니 부처님의 반야경전인데, 공성의 지혜에 대한 최상의 설명으로 간주됩니다. 이 견해에 의하면, 모든 것은 다른 것에 의존해서 일어난(緣起 연기) 것이어서, 그리하여 그릇된 변견(邊見)인 자존(自存 스스로 존재함), 비존(非存존재하지 않음), 혹은 상견(常見) 과 단견(斷見)을 벗어납니다.

"어떤 것이 존재한다"고 말하는 것이 상견(常見)이요,
"어떤 것이 존재하지 않는다"고 말하는 것이 단견이다.
그러므로 지자(智者)는 존재(상견)에도 비존재(단견)에도
머무르지 말아야 한다.
— 나가르주나

"바른 공관(空觀)은 두 극단을 피하므로 공성은 '중도'(the middle way)라 불린다. 바른 공관이 단견을 피하는 것은 세속적인 현상의 존재를 인정하기 때문이고, 상견을 피하는 것은 고유하고, 독립적인 존재를 철저히 부정하기 때문이다."

대락은 고(苦)-락(樂), 양극을 초월하는 기쁨

Everybody possesses the unconditioned
possibility of cheerfulness, which is not
connected purely with either pain or pleasure.

누구나 가능성을 갖고 있습니다, 무조건적인(무한한, 초월적인) 기쁨(大樂대락)을 얻을 수 있는, 괴로움이나 즐거움과 전혀 관련 없는(초월한) 것(기쁨) 말입니다.

도전[공격적 에너지]을 진정시키는 방법

The Tibetan word for warrior is pawo. Pa means "ignoring the challenger" or "ignoring the other's challenge." Wo makes it a noun. So the warrior is one who does not engage others' sense of aggression. When there's no aggression, trust takes place. Out of that genuine sense of warriorship comes joy. For the first time in your life, you feel at ease.
— Chogyam Trungpa

(문맥) ease = joy

티베트어로 용사를 빠워라고 합니다. 빠가 의미하는 것은 "도전자를 무시하거나" 타자의 도전을 무시한다"는 것입니다. 워는 이것을 명사로 만듭니다. 그러니 용사가 가리키는 것은 남들의 적대감에 관여하지 않는 사람입니다. 공격하지 않으면, 신뢰가 생깁니다. 바로 이런 진정한 용사도의 정신에서 기쁨이 나옵니다. 그래서 난생 처음으로, 우리는 안락을 느낍니다.
— 최감 뚱빠

마음의 공포가 가져오는 무서운 몸의 결과

Psychological stress activates the fear center in the brain, setting into motion a cascade of reactions that can lead to heart attacks and strokes.

심리적인 스트레스는 두뇌의 공포 센터를 작동시켜,
다수의 반응을 일으켜서 심장발작과 뇌졸중을 가져옵니다.

(문맥) lead to = set into motion

질병 치유 감로수 - 합일(초월)의 지혜!

질병을 고치지 못하게 만드는 원인은 희망과
두려움이다. 희망은 자연치유를 방해하고, 두려움
은 질병을 일으킨다.

질병 자체를 수행 방편(수단)으로 알고, 질병에
대한 두려움과, 질병이 끝나리라는 희망과 관련된,
집착을 놓아주면, 질병을 일으킨 원인이 스스로
사라진다.
— 감뽀빠(Gampopa)

희망이 긍정적인 결과에 대한 집착이라면,
두려움은 부정적인 결과에 대한 집착이라고 볼 수
있습니다.

이 두 극단에 대한 집착에서 벗어나면 중도의
평온과 기쁨(대락)을 누릴 수 있습니다.

치유 감로수 - 세 가지 놓아주기 명상

Outwardly, relax clinging to objects!
Inwardly, give up clinging to the body!
Secretly, loosen clinging to mind! — Padampa Sangye
(문맥) relax = give up = loosen

외적으로는, 대상에 대한 집착을 놓아주라!
내적으로는, 몸에 대한 집착을 놓아주라!
은밀하게는, 마음에 대한 집착을 놓아주라! — 달마 대사

여기 '집착'은 '실집'(실재한다는 믿음)을 뜻합니다.
그리고 여기 요지는 외부대상과 자기 몸과 마음을
공(空)한 것으로 보라는 것입니다. 마음은 눈으로 볼
수 없으므로 은밀한 것으로 간주됩니다.

[핵심적인 명상자료]
질병에 대한 공성수행 - 자공(自空)과 타공(他空)

자공(自空)은 만물은 자성(내적인 존재.自性자성)이
공하다(없다)(the intrinsic emptiness of phenomena)는
티베트의 한 중관학파의 주장.

타공(他空)은 청정한 붓다의 속성(佛性불성)은 외적인 것
(他性타성)이 공하다(없다)(the extrinsic emptiness of
pure buddha attributes)는 티베트의 한 중관학파의 주장.

질병수행의 경우에, 자공은 질병 자체의 본성(공성)에
대해 수행하나, 타공은 "내가 질병을 앓고 있다"는 생각
(관념)의 공성에 대해 수행하는 것입니다.

관념의 속박으로부터 벗어나는 것이 곧 해탈

우리가 태어날 때, 태어나는 것은 [태어난다는] 관념이고,
우리가 질병을 앓을 때, 앓는 건 [앓는다는] 관념이며,
심지어 우리가 죽어갈 때도, 죽는 건 [죽는다는] 관념이네. — 나로빠(Naropa)

관념에서 벗어나면, 우리는 태어나지도 질병을 앓지도
죽지도 않는다는 얘깁니다. 관념은 한편으론 어떤 것에
대한 이해를 돕는 수단이지만 다른 편으로는 우리들을
그 틀에 가두는 역기능을 갖고 있습니다. 이런 것을 아는
것이 인생에서 가장 중요한 양면의 지혜입니다,

Neurosis is the inability to tolerate ambiguity. — Sigmund Freud

노이로제는 애매한 것을 용납하지 못하는 것입니다. — 지그문트 프로이트

애매함은 분명함과 공존하는데, 어둠과 빛처럼, 이걸 받아들이지 못하는 것은 양면을 보는 지혜의 부족, 포용력의 결핍 때문입니다. 무엇이든 우리가 수용하지 못하면 그게 스트레스로 쌓여 몸과 마음의 안정, 건강을 무너뜨립니다.

If you take the attitude "I don't need anything!" your state of mind will be naturally free and serene. — Padampa Sangye

네가 "나는 아무것도 필요 없다!"는 태도를 취하면 너의 마음상태는 자연히 자유롭고 평온해진다. — 빠땀빠 쌍계(달마대사)

대성취자의 가르침 - 공간-지혜-일미-대락

My wise and holy Guru
Introduced me to space and knowledge,
And I realized the one value of all things.
What joy to be free of pleasure and pain! — Mahasiddha Caurangipa

저의 지혜롭고 성스러운(聖人성인) 스승님께서
저를 공간과 [공성의]지혜로 인도해주셔서,
저는 모든 것의 일가(一價)를 깨달았네.
즐거움과 괴로움(의 분별)에서 벗어나는 것이
　얼마나 기쁜가[대락]! - 대성취자 짜우란기빠

공성의 지혜로 보면 모든 것은 한맛입니다.
일가(一價) = 일미(一味) = 불이(不二)

Great bliss is a term for the quality of the
experience of egolessness in mahamudra tantra.
According to the teachings of mahamudra,
ego is a sort of filter or obstruction that stands
between the mind and the world.
When this filter is removed, experience becomes
so rich, that it is as if ego has been intoxicated
beyond its ordinary limitations and experiences
the great bliss, which is beyond pleasure and
pain.

대락이라는 말이 가리키는 것은 마하무드라
딴뜨라에서 무아(無我)를 체험하는 것입니다.
마하무드라의 가르침에 의하면, 자아는 일종의 필터나
장애물로 마음과 대상 사이에 옵니다. 이 필터를 제거
하면, 경험이 너무도 풍요로워져서 마치 자아는 일상
적인 한계를 넘는 듯 황홀 속에 빠지고 대락을 체험하는
데, 이것은 즐거움(樂낙)과 괴로움(苦고)을 초월합니다.

> **문제해결비법 – 지혜의 공간(본성)을 찾아라!**
> 외양 뒤에 청정한 본성을 보는 지혜

There is space everywhere, even behind
the five poisons and confused thought patterns.
This is the space the wise move.

공간은 어디에나 있습니다, 심지어 오독(五毒)과 망상
뒤에도. 이것이 지혜로운 이들이 움직이는 공간입니다.

모든 것의 본성은 공성이니 여기에는 전혀 아무
문제가 없습니다. 이것을 모르기 때문에 우린 스스로
문제를 만들고 괴로워합니다. 대부분의 사람들이
외양에만 매달리며, 피상적으로 살아가기 때문입니다.

> **Tantric lifestyle (딴뜨라의 생활방식)**

A lifestyle geared to clearing blocks,
strengthening our physical, emotional and
spiritual systems, and using the increased
energy to heighten pleasure, connection and
intimacy.

이 생활방식의 목적은 막는 것(장애물)을 치워주고,
우리의 신체적, 정서적, 수행의(섬세한 에너지) 체계를
강화시키며, 그리하여 늘어난 에너지를 이용하여 높여
주는 것입니다, 기쁨과 유대감, 친밀감을.

그래서 딴뜨라 수행에서는 몸도 보물입니다.

공덕 → Precious human life (소중한 인간의 삶)

For many lifetimes we have amassed spiritual energy
Through generosity, discipline, and pure aspiration.
Thus has been won this precious human life,
This ground from which ultimate goodness can be
　grown.　　　　　　　　　　　　— The Seventh Dalai Lama

많은 생애 동안 우린 수행의 에너지(공덕)를 쌓아,
보시와 지계, 청정한 서원을 통해,
이렇게 소중한 인간으로 태어났으니, 이를 기반으로
우린 궁극적인 선善을 기를 수 있네.　　　— 제7대 달라이 라마

소중한 인간으로 태어난 원인 = 깨달음을 위한 수행의 공덕.
궁극적인(최상의) 선(善) = 완전한 깨달음(成佛성불). 여기서
우리는 분명히 볼 수 있습니다 - 인생의 목적이 깨달음임을!

candali fire 내면의 '사나운' 불 (뚬모)

"The fire of the fierce or low-caste woman." A fundamental practice of highest yoga tantra completion stage, in which an inner fire is ignited at the navel cakra, through penetrative focusing or the use of a consort, which "burns" off impurities and produces the bliss of the four joys.

"사나운 혹은 낮은 계층의 여자의 불." 이것은 무상요가 딴뜨라의 완성단계(원만차제)의 근본적인 수행인데, 여기에서는 침투적인 집중력이나 짝을 이용해서 배꼽 차끄라에서 내면의 불을 일으켜 청정하지 않은 에너지를 태워버리고 네 가지 희열의 대락을 일으킵니다.

왜 "사나운 또는 낮은 계층의 여자"를 이용할까요? 자의식이 강한, 지적인(이원적인) 상류층 여자와 달리, 그가 상징하는 것은 단일하고(통합적이고) 거친, 강렬한 에너지이기 때문입니다. 그래야 부정한 것들을 쉽게 태워버릴 수 있을 테니까요.

> [핵심적인 명상자료]
> # 분노 속에 숨겨져 있는 놀라운 깨달음의 에너지
> ## 외양만 보는 범부의 눈/본성을 보는 깨달음의 눈

Meditation on Simhamukha is especially appropriate for those with abundant anger, for she represents the enlightened essence of that incendiary energy. She primarily symbolizes the transformation of anger from a source of suffering into the clarity of mirrorlike wisdom. She exhibits the quality of anger in its ultimate purity; her "consciousness has been transformed into pure energy."

씽하무카에 대한 명상은 특히 화를 잘 내는 분들에게 적절합니다, 왜냐하면 그가 나타내는 것은 분노의 에너지의 깨달은 정수이기 때문입니다. 그가 상징하는 것은 고통의 원천으로서 분노를 명료한 대원경지(大圓鏡智)로 전환하는 것입니다. 그는 분노의 특성을 그것의 궁극적인(본성의) 청정에서 드러내 보여줍니다. 그의 "의식은 청정한 에너지로 전환된 것입니다."

When the delusionary elements have been removed, however, the result is "pure anger," or "transcendent anger," devoid of neurotic attachments and reaction patterns. Anger then becomes a potent resource, an energy source of tremendous magnitude, sufficient to overcome mental, emotional, and psychic obstacles to enlightenment.

— Chogyam Trungpa

그러나 미혹적인(번뇌의) 요소들이 제거되면, 그 결과는
"청정한 분노," 혹은 초월적인 분노"인데, 여기에는
신경질적인 애착과 반발적인 행동이 없습니다. 그러면
분노는 강력한 자원, 엄청난 규모의 에너지의 원천으로,
충분히 깨달음의 지적, 정서적, 심리적 장애(소지장과
번뇌장 등)들을 극복할 수 있습니다. — 최갬 뚱빠

(주의) 반발적인 행위는 지혜와 사랑의 산물이 아니므로
상대방뿐만 아니라 자기 자신에게도 해를 줍니다.

자제 = 자기-(에너지)다스림 → 고통 예방!

Who suffers most deeply
of all the beings in the world?
Those with no self-discipline
who are overpowered by delusion. — The 7th Dalai Lama

누가 세상의 모든 중생들 중에서
가장 깊이 고통을 받을까요?
그것은 미혹(번뇌)에 압도되어
자제를 못하는 사람들이네. — 제7대 달라이 라마

[추천] 제7대 달라이 라마의 가르침 "보석 같은 지혜"
- 라마 글렌 지음 / 아찰라 김영로 옮김

By taming one's own mind, the whole world is tamed.　　　　　　　　　　　　　　— Buddha

자기 자신의 마음을 길들이면, 온 세상이 길들여진다.　　　　— 붓다

Day and night examine the energies
Fusing in your body, speech, and mind.
Life is finally rendered meaningful by
The methods that tame one's inner stream.　　— the Seventh Dalai Lama

밤낮으로 그대의 몸과 말, 마음에 흐르는
에너지를 조사하라.
인생이 마침내 의미를 갖게 되는 것은 자신의
내면의 (에너지의) 흐름을 길들이는 법에 의해서다.　　— 제7대 달라이 라마

"너무도 구하기 어려운 보호자" - 수련된 자기

You are your own protector - who else is
there to protect you? When you have trained
yourself well, you will find the protector who
is so hard to find.　　　　　　　　— Buddha

네가 너 자신의 보호자다 - 누가 다른 사람이 너를
보호해주겠느냐? 네가 너 자신을 잘 훈련시키면,
너는 너무도 구하기 힘든 보호자를 갖게 될 것이다.　　— 붓다

자신을 잘 훈련시키면 우리는 세상에서 가장 행복한 사람, 붓다가 될 수 있는데도 현대인들은 남들에게 자기 인생의 너무 많은 부분을 맡겨버립니다. 그 결과 성불은커녕 그는 너무도 귀중한 자기 인생의 주인노릇도 제대로 못해 겪지 않아도 될 고통을 겪습니다.
미국 의사들은 어린 아이들까지도 우울증 환자로 만들어 약물을 복용시키고 있습니다. 아이들은 타고난 기쁨의 존재들입니다. 그들이 마음껏 자연 가까이서 뛰놀게 하고, 실내에서는 좋아하는 음악을 들을 수 있게 해보세요. 어른들의 생각의 틀 속에 이 경이로운 존재들을 가두지 말고, 충분한 공간과 자유를 주세요, 그들이 다시 기쁨을 되찾을 수 있을 때까지 말예요. 기쁨보다 더 나은 우울감 치료제는 없습니다, 공성에 대한 명상 외에.

[핵심적인 명상자료]

출리심[출발점] → 번뇌행 감소 → 청정행[목적지]

If authentic renunciation arises, compulsive activities will be few; if activities are few, the significance of non-action will be near. When non-action is realized, it is the true nature (of all phenomena). There is no other buddha outside of that. — Jamgon Kongtrul

(문맥) compulsive activities ↔ non-action
    (action = activity)

(표현) no other X outside of Y = no other X but Y

진정한 출리심(해탈하려는 결심)이 일어나면 [번뇌의 지배로] 어쩔 수 없어서 하는 행동이 적어지고, 그런 행동이 적어지면, 무위(無爲초월적인 행위)의 의미가 가까워질 것이다. 무위를 깨달으면, 그게 모든 법의 참된 성품(공성)이다. 이 밖에 다른 붓다가 있는 게 아니다.
— 잠괸 꽁뚤

(역자) 공성을 깨달으면 행위의 주체도, 행위의 대상도, 행위 자체도 없습니다. 이것을 삼륜청정(三輪淸淨)이라 하는데, 이것이 최상의 행위, 청정행, 무위, 붓다의 행위 랍니다.

인생의 모든 문제와 고통의 근원 - 아집(我執)
ego-grasping

The ignorant compulsion to regard one's self, or I,
as permanent, self-existent, and independent of
all other phenomena.

무지하여 어쩔 수 없이 자신의 자아 또는 '나'가 영원하고,
스스로 존재하며, 모든 다른 것들로부터 독립된 것이라고
생각하는 것. [범부의 세계] (표현) independent of ~
↔ dependent on/upon ~

자유자재한 성인(聖人)들의 세계

그의 아들이 죽은 뒤에, 한 제자가 대성취자 마빠
(Marpa)에게 물었습니다, "기분이 어떠신가요?"
마빠가 대답했습니다. "슬프다."

제자는 깜짝 놀랐습니다. 그가 물었습니다. "슬프다
고요?" 그러나 마빠는 웃으면서. 말했습니다,
"그렇다, 그러나 여기에는 차이가 있다. 그 차이는
나의 슬픔은 자발적이라는 것이다. 때때로 세상을 맛

보기 위해 나는 밖으로 나와 슬픔 속으로 들어간다.
그러나 나는 동시에 주인으로 남는다. 어느 순간이든지
나는 다시 나 자신 안으로 되돌아 들어갈 수 있다.

상반되는 것들 내에서 움직이는 것은 의미가 있다.
그래야 생명을 유지하지." 마빠가 덧붙였습니다,
"때때로 나는 슬픔 속으로 들어간다. 그러나 그 슬픔은
나에게 일어나는 아무것도 아닌 것이다. 나는 그것을
보고(알아차리고) 거기에 영향을 받지 않는다."

[핵심적인 명상자료]
금강승의 목적 - 본래의 청정성 깨닫기

The nature of the five poisons in their pure
aspect is actually the five wisdoms...
To realize the pure aspect of things is the
main objective of Vajrayana.

(마음속의) 오독(五毒)은 본성이 청정하므로
실제로는 (붓다의) 다섯 지혜(五智오지)입니다...
모든 것의 청정한 면을 깨닫는 것이
금강승의 주된 목적입니다.

오방   오대   오불   오독(외양) 오지(본성)
동쪽 수(水) 아촉여래 분노(진)   대원경지
남쪽 지(地) 보생여래 아만(만)   평등성지
서쪽 화(火) 미타여래 탐욕(탐)   묘관찰지
북쪽 풍(風) 불공여래 질투(질)   성소작지
중앙 공(空) 대일여래 무지(치)   법계체성지

우리가 거주하는 곳은 물론 우리들 자신도 경이로움 자체인데 사람들은 무명 속에 빠져있어 외양만 보고 본성을 보지 못하기 때문에 아옹다옹 다투면서 괴로움 속으로만 달려 들어갑니다.

영원한 자유로 가는 길은 내심(內心)의 지혜

미움의 대상 따라가지 말고, 미워하는 마음을 보라.
분노가, 저절로 일어나 사라지는 것이, 맑은 공성이네.
이 맑은 공성이 다름 아닌 대원경지(大圓鏡智)네.
미움의 자연해방(자연소멸) 안에서, 육자진언 염송하라.
(역주) 육자진언 = 옴 마니 빼매(반매) 훔

자만의 대상 쫓아가지 말고, 자만하는 마음을 보라.
자만이, 저절로 일어나 사라지는 것이, 본초의 공성이네.
이 본래의 공성이 다름 아닌 평등성지(平等性智)네.

자만의 자연해방 안에서, 육자진언 염송하라.

욕망의 대상을 갈망하지 말고, 욕망하는 마음을 보라.
욕망이, 저절로 일어나 사라지는 것이 낙공(樂空)이네.
이 낙공이 다름 아닌 일체분별지(묘관찰지)네.
욕망의 자연해방 안에서, 육자진언 염송하라.

질투의 대상 따라가지 말고, 질투하는 마음을 보라.
질투가, 저절로 일어나 사라지는 것이, 공한 지혜이네.
이 공한 지혜가 다름 아닌 성소작지(成所作智)네.
질투의 자연해방 안에서, 육자진언 염송하라.

무지로 조작된 생각들을 당연시하지 말고, 무지 자체의
 성품을 보라.
수많은 생각들이, 저절로 일어나 사라지는 것이,
 각성-공성이네
이 각성-공성이 다름 아닌 법계체성지(法界體性智)네.
무지의 자연해방 안에서, 육자진언 염송하라.

성스러운 여성의 성스러운 에너지와 공간

Yoni - Commonly associated with the female
"Vulva" or cosmic feminine energy and/or
receptivity. It means Sacred Space.

요니 - 흔히 여성의 성기 또는 우주(전체)적인 여성의
에너지와/혹은 수용성과 연관되며, 의미하는 것은
성스러운 공간입니다.

(명심) 여성은 혐오의 대상이 아니라 매우 성스러운 존재!
그는 우리들의 어머니이자 최상의 성인, 붓다의 어머니
(佛母불모)입니다. 마지막 단계에서 그의 도움을 받지
않으면 성불이 불가능하답니다.

타인 혐오로 우리가 얻을 수 있는 것은 자기 손해뿐입니다.
타인은 혐오의 대상이 아니라 모두 존중의 대상이어야
합니다. 그들 덕분에 우린 성불할 수 있기 때문입니다.

clear-light mind 정광명 마음 - 본래의 마음

The subtle and primordial state of mind,
ever present in all sentient beings, manifested
naturally at death and intentionally in the completion
stage, where it is used as a subtle consciousness
to focus on emptiness.

섬세한 본래의 마음, 이것은 모든 중생들에게 죽을 때는
저절로 나타나고 딴뜨라 수행의 완성단계(원만차제)에서
의도적으로 나타나게 해서 이를 섬세한 의식으로 사용하여
공(空)에 대해 집중(명상)합니다.

(역주) 공성은 가장 섬세한 차원에 속하므로 가장
섬세한 의식(마음)만이 직접적으로 접근할 수 있습니다.

해탈로 가는 길: 두 정광명의 만남 - 죽음

일반적으로, 정광명에는 두 가지가 있습니다. [(객관적인)
대상으로서의] 객관적인 정광명(이것은 존재의 공성 자체이며,
경광명境光明이라 함)과 주관적인 정광명(이것은 이 공성을
깨닫는 지혜의 마음인데, 유경광명有境光明이라 함)입니다.
전자를 어머니 정광명, 후자를 아들 정광명이라고도 합니다.

이 둘이 만날 때, 아들이 어머니를 알아보면 해탈이
가능하답니다. 해탈로 가는 길은 공성에 대한 깨달음입니다.

어머니 정광명 = 객관적인 정광명(경광명) = 존재의 공성
아들 정광명 = 주관적인 정광명(유경광명) = 지혜의 마음

의식적인 노력을 초월한 명상 - 무(無)명상(수습)

Nonmeditation is the exhaustion of effort. 　— Jamgon Kongtrul

무-명상은 (명상하려고) 애쓰는 것의 소진입니다. 　— 잠괸 꽁뚤

이것은 의도적인 노력을 벗어난, 자연발생적인 명상(수습) non-meditation입니다. 달리 말하면, '함이 없는 (無爲 무위의) 명상입니다.

억압(자연의 흐름 방해) → 문제와 고통

According to Dr. John Sarno, nearly all chronic pain is caused by repressed emotions. [...] emotional pain causes physical pain.

잔 사르노 박사에 의하면, 거의 모든 만성적인 통증의 원인은 억압된 감정입니다. [...] 정서적인 고통이 신체적인 고통의 원인입니다.

[핵심적인 명상자료]
최상의 마음보호 만뜨라

Whatever has to happen, let it happen!
Whatever the situation, it's fine!
I really don't need anything!

뭐가 일어나야 하든, 일어나게 내버려두라! [무간섭]
무슨 상황이든, 좋다! [수용하기]
나는 실제로 필요한 게 아무것도 없다! [욕심 내려놓기]

자유인의 롤 모델 대인(大人) 장자의 조언

Flow with whatever may happen and let your
mind be free. Stay centered by accepting
whatever you are doing. This is the ultimate. — Zhuangzi

무슨 일이 일어나든 함께 흘러가며 그대 마음 자유
롭게 하게. 중심에 머물며 그대가 뭘 하든 받아들이게.
이게 최상이네. — 장자(莊子)

모든 것을 받아들이면 우린 모든 것과 하나가 되므로
거기에는 우리들을 괴롭힐 문제가 아무것도 없습니다.

맡김은 하나 됨(합일)의 지혜

Surrender is the simple but profound wisdom
of yielding to rather than opposing the flow
of life. — Eckhart Tolle (문맥) surrender = yield)

맡기는 것은 단순하지만 매우 심오한 지혜로, 삶
(세상)의 흐름에 양보하고 저항하지 않는 것입니다. — 에카르트 톨레

행복한 삶과 죽음을 위한 최상의 만뜨라

I need nothing.
I seek nothing. I desire nothing. — Milarepa

난 아무것도 필요치 않네.
난 아무것도 구하지 않네.
난 아무것도 바라지 않네. — 밀라레빠

Guru 구루, 깨달음의 스승

Teacher, spiritual guide; lit., dispeller of darkness
구루('무명을 쫓아버리는 분'), 스승, 수행 안내자(선지식)

훌륭한 스승을 만날 수 있게 하는 것 - 공덕

I bow at the feet of the noble guru.
By gathering merit, I've met such a lord.　　— Milarepa

(문맥) such a lord = the noble guru

고귀한(聖人성인) 스승님의 발에 절합니다.
공덕을 쌓음으로써, 전 이런 주님(스승님)을 만났습니다.　— 밀라레빠

Marpa's Advice to Milarepa
마빠가 밀라레빠에게 준 조언

Above, have you offered service to the guru,

the supreme jewel;

below, have you shown generosity to the sentient

beings of the six realms;

in between, have you purified your own obscurations

and negativity and given rise to excellent qualities?

Have the conducive conditions for these not arisen?

위로는, 최상의 보물, 스승에게 봉사하지 않았느냐?
아래로는, 육도의 중생들에게 보시하지 않았느냐?

중간으로, 너 자신의 장애와 악업을 정화하고 탁월한
자질들을 일으키지 않았느냐? 이들에 대한 유리한 조건들이
일어나지 않았느냐?

(표현) give rise to ~

(역주) 금강승에서는 구루를 붓다에 앞세웁니다. 구루를
통해 붓다도 태어나기 때문입니다.

"나모 구루비야. 나모 붓다야. 나모 달마야. 나모 상가야."
(스승님께 귀의합니다. 부처님께 귀의합니다. 달마에 귀의합니다.
승가에 귀의합니다.)

딴뜨라(금강승) 수행자에게 스승의 중요성

The guru is the source of all tantric power;
The practitioner who sees him as a Buddha
Holds all realizations in the palm of his hand.
So devote yourself with full intensity
To the guru in both thought and deed.　　— The Second Dalai Lama

스승은 모든 딴뜨라의 능력의 원천이니
수행자가 그를 부처님으로 보면

모든 깨달음을 자신의 손바닥 안에 잡고 있는 것이네.
그러니 최대한 열렬하게 그대 자신을 스승님에게
바치게, 생각과 행동 모두에서...　　　　　　— 제2대 달라이 라마

(역자) 제자의 스승에 대한 헌신(devotion)은 이들 둘을
연결해주는 통로입니다. 이를 통해 제자는 스승과 그의
법맥과 연결되며 이들의 가피를 받을 수 있습니다.
법맥이 없는 스승은 피하고 법맥을 가진 스승을 찾아야
합니다. 왜냐하면 그를 통해 우리는 그 법맥의 방대한
스승들과 가르침, 경험을 만날 수 있기 때문입니다.

가르침을 대하는 태도

By cherishing seeing the instructions as nectar,
decisive understanding arises.

가르침을 감로수로 보는 것을 소중하게 여기면,
결정적인 지혜가 일어난다.

Never stop cherishing them, and you will be
powerless to avoid understanding the meaning.

한 번도 그것을 소중하게 여기는 것을 그만두지 마라,
그러면 너는 불가피하게 그 뜻을 이해하게 될 것이다.

가장 낮은 자리 - 대인, 성인(聖人)의 자리

When you're eminent, it's bad.
When you're reviled, it's good.
When your position is lofty, vanity and envy flourish.
When your position is lowly, you're at ease and your
  practice can flourish.
The lowest seat is the abode of great masters of
  the past. — Patrul Rinpoche

저명한 것은 좋지 않네.
욕을 먹는 게 좋은 일이네.
지위가 높으면, (자신의) 자만과 (남들의) 부러움이 무성하나,
지위가 낮으면, 마음이 편안하고 수행이 잘 될 수 있네.
가장 낮은 자리가 과거의 위대한 스승들의 거처(자리)네. — 빠뚤 린뽀체

(문맥) abode = seat

높은 지위와 많은 재산을 가진 사람은 진정한 행복을
얻기 어렵고, 다음 생에는 삼악도(지옥계, 아귀계, 축생계)
로 떨어질 가능성이 큽니다.

[핵심적인 명상자료]

대인의 행복으로 가는 길 - 자비와 지혜수련

Eight Verses of Training the Mind

by Langri Tangpa (1054-1123)

랑리 땅빠의 **여덟 게송 마음수련**

(역자) 이것은 단순한 마음수련이 아니라 해탈과 성불로 가는 길입니다. 게송 하나 읽을 때마다 마음이 정화되고 자비와 지혜가 길러질 것입니다.

1

With the intention to attain

The ultimate, supreme goal

May I constantly cherish all living beings.

That surpasses even the wish-granting jewel.

궁극적인 최상의 목표(成佛성불)를

성취하려는 의도(보리심)를 갖고

여의주보다도 더 나은 모든 중생들을

제가 끊임없이 귀하게 여기게 하소서.

(역주) 어째서 중생들이 여의주보다 더 나을까요? 우리는 그들을 구하려는 마음(보리심)을 내어 수행함으로써 성불할 수 있기 때문입니다. 중생은 단순히 중생이 아닙니다. 그들은 부처님들의 어머니입니다.

2

Whenever I associate with others
May I view myself as the lowest of all;
And with a perfect intention,
May I cherish others as supreme.

제가 남들과 함께 있을 때마다
저 자신을 모든 분들 중에서 가장 낮은 사람으로 보고,
완전한 의도(보리심)를 갖고
남들을 가장 높게(귀하게) 여기게 하소서.

(역주) 자기 자신은 가장 낮추고 남들은 가장 높여주는 것이 우리가 취할 수 있는 가장 지혜로운 태도입니다. 남들을 비하하는 것은 자기 자신에게도 최대의 불이익을 가져오는 매우 어리석은 태도입니다.

3

Examining my mental continuum throughout all
   my actions,
As soon as a delusion develops
Whereby I or others would act inappropriately,
May I firmly face it and avert it.

저의 마음의 흐름을 모든 저의 행동을 통해서
   조사하여
미혹(번뇌)이 일어나자마자, 그로 말미암아

저나 남들이 부적절하게 행동할 염려가 있을 때는
제가 단호하게 그 번뇌를 직시하여 막게 하소서.

4

Whenever I see unfortunate beings
Oppressed by evil and violent suffering,
May I cherish them as if I had found
A rare and precious treasure.

제가 악과 심한 고통으로 시달리는
불운한 중생들을 만날 때마다,
마치 희귀한 보물을 발견한 것처럼
제가 그들을 귀하게 여기게 하소서.

5

Even if someone I have helped
And of whom I had great hopes
Nevertheless harms me without any reason,
May I see him as my holy Spiritual Guide.

비록 제가 도움을 주고
큰 희망을 걸었던 어떤 사람이
이유 없이 저를 해쳐도
제가 그를 저의 성인(聖人) 수행 안내자(스승)로 보게 하소서.

6

When others out of jealousy

Harm me or insult me,

May I take defeat upon myself

And offer them the victory.

남들이 질투심 때문에

저를 해치거나 모욕할 때,

패배(나쁜 것)는 저 자신이 떠안고

승리(좋은 것)는 그들에게 드리게 하소서.

(역주) tonglen 똥롄, 주고받기 수행 - 이 '성스러운'
자비 수행을 통해 우리는 범부에서 벗어나 성인의
지위에 오를 수 있다고 합니다.

7

In short, may I directly and indirectly

Offer help and happiness to all my mothers,

And secretly take upon myself

All their harm and suffering.

요컨대, 직접적으로 그리고 간접적으로

도움과 행복은 제가 모든 어머니 중생들에게 드리고

모든 그들의 해와 고통은

남 몰래 저 자신이 떠안게 하소서.

(표현) take ~ upon myself

8

Furthermore, through all these method practices,

Together with a mind undefiled by stains of conceptions

   of the eight extremes

And that sees all phenomena as illusory,

May I be released from the bondage of mistaken

   appearance and conception.

더욱이, 이 모든 방편(복덕, 자비) 수행을 통해서,

그와 함께 여덟 가지 극단적인 견해(팔변희론)의 얼룩으로

   오염되지 않고

모든 현상을 환영(幻影)으로 보는 [지혜의] 마음으로

제가 [어리석어] 잘못 받아들인 색(色)과 관념의 속박으로부터

   벗어나게 하소서. [공성 해탈수행]

[핵심적인 명상자료]
쫑카빠 대사의 삼종요도(三種要道)
출리심, 보리심, 정견

The Three Principal Aspects of the Path

by Je Tsongkhapa

(1)

Homage to the venerable Spiritual Guide

I shall explain to the best of my ability

The essential meaning of all the Conqueror's teachings,

The path praised by the Holy Bodhisattvas,

And the gateway for fortunate ones seeking liberation.

존경하는 수행의 스승님에게 경배합니다.

최선을 다해 내가 설명하려는 것은
위대한 정복자(붓다)의 모든 가르침의 핵심적인 의미
　(핵심교의)이요[출리심],
모든 그들의 성스러운(聖人성인) 아들(보살)들이 추천하는
　길[보리심]이며,
해탈을 구하는 행운아들이 들어가는 문[正見정견]이다.

(역주) 출리심은 윤회의 고통에서 벗어나려는 마음이고,

보리심은 모든 중생들을 구제하기 위해 완전한 깨달음을
얻으려는 마음이며, 정견은 공성(空性)에 대한 바른
견해입니다. 명심하십시오! - 해탈을 구하는 이들은
모두가 대단한 행운아들이라는 것을.

(2)

You who are not attached to the joys of samsara,
But strive to make your freedom and endowment
    meaningful,
O Fortunate Ones who apply your minds to the path
    that pleases the Conquerors,
Please listen with a clear mind.

사바(세속)의 즐거움을 탐내지 않고[출리심]
가만(暇滿)을 의미 있게 만들기 위해[보리심] 정진하며
부처님들을 기쁘게 만드는 길[정견]에 열중하는
행운아들이여, 맑은(청정한) 마음으로 들어라.

(3)

Without pure renunciation there is no way to pacify
Attachment to the pleasures of samsara;
And since living beings are tightly bound by desire for
    samsara,
Begin by seeking renunciation.

청정한 출리심이 없으면 세속의 즐거움에 대한 애착을
진정시킬 길이 없고,
중생들은 세속에 대한 욕망으로 단단히 묶여있으니,
먼저 출리심을 구하라.

(4)

Freedom and endowment are difficult to find, and there
  is no time to waste.
By acquainting your mind with this, overcome
  attachment to this life;
And by repeatedly contemplating actions and effects
And the sufferings of samsara, overcome attachment to
  future lives.

가만은 얻기 어렵고, 낭비할 시간 없으니
마음으로 이를 익혀 이생에 대한 애착 극복하고,
인과와 윤회의 고통에 대해 되풀이해서 사유하여
내생에 대한 애착 극복하라.

(보충) The Four Clingings 네 가지 집착

Love for this life does not make one a practitioner.
Love for this world is no renunciation.
Love for one's selfish interests does not make one
  a bodhisattva.
Grasping to a real "me," is no correct view.

이생을 사랑(집착)하는 사람은 수행자가 아니네.
이 세상을 사랑하면 출리심이 아니네.
자신의 이기적인 이익을 사랑하는 사람은 보살(보리심)이
 아니네.
"나"가 있다고 집착하는(믿는) 것(我執아집)은 정견이 아니네.

(5)

When, through contemplating in this way, the desire
 for the pleasures of samsara
Does not arise, even for a moment,
But a mind longing for liberation arises throughout
 the day and the night,
At that time, renunciation is generated.

이와 같이 사유해서 세속의 즐거움에
대한 욕망이 단 한 순간도 일어나지 않고,
해탈에 대해 갈망하는 마음이 밤낮으로 일어나면,
바로 그때, 출리심이 일어난 것이네.
(문맥) a mind longing for liberation = renunciation

(6)

However, if this renunciation is not maintained
By completely pure bodhichitta,
It will not be a cause of the perfect happiness of
 unsurpassed enlightenment;
Therefore, the wise generate a supreme bodhichitta.

그러나 이 출리심이 완전히
청정한 보리심에 의해 유지되지 않으면,
위없는 깨달음의 완전한 행복 결코 가져올 수 없네,
그래서 지혜로운 이들은 수승한 보리심 일으키네.

(7)

They're swept along on four fierce river currents,
Chained up tight in past deeds, hard to undo,
Stuffed in a steel cage of grasping "self,"
Smothered in the pitch-black ignorance.

중생들은 네 개의 사나운 강물[생노병사]에 떠내려가며,
과거의 업에 묶여, 헤어나기 어렵고,
아집(我執)이란 철장 속에 갇혀있으며,
칠흑 같은 무지 속에서 질식하고 있네.

(8)

In a limitless round they're born, and in their births
Are tortured by three sufferings without a break;
Think how your mothers feel, think of what's happening
To them: try to develop this highest wish.

끝없는 윤회 속에 태어나고, 태어나선 끊임없이
세 가지 고통(三苦삼고)에 시달리니 너의 어머니 중생들이
어떻게 느끼는지 생각하고, 그들에게 무슨 일이 일어나는지
생각하여 이 가장 높은 마음(보리심) 일으키도록 노력하라.

(보충) "일곱-부분, 원인(여섯)-과-결과(하나) 가르침"

먼저, 모든 중생들에게 평등한 감정을 갖는 수행을 한다. 수없이 많이 윤회해오는 동안 모든 중생들은 친구도 되고 적도 되었으니 이들을 구별할 이유가 없음을 사유한다.

1 모든 중생들을 자신의 어머니로 인식한다.
2 그들의 친절(은혜)에 대해 감사를 느낀다.
3 그들의 친절에 대해 보답하기를 원한다.
4 이들 셋이 원인이 되어 자애((慈心자심)을 일으킨다.
5 자애심은 연민(悲心비심)을 일으키는 원인이 된다.
6 중생들을 위해 일하는 짐을 자기 자신이 떠안으려는
   개인적인 책임감을 일으킨다.
7 이로부터 모든 중생들을 위해 깨달음을 얻으려는
   소원(보리심)이 일어난다.

(9)

You may master renunciation and the wish,

But unless you have the wisdom perceiving reality

You cannot cut the root of cyclic life.

Make efforts in ways then to perceive interdependence.

(문맥) perceive reality = perceive interdependence

　　　(interdependence = reality)

출리심과 보리심을 체득해도
궁극적인 진실(공성)를 파악하는 지혜 갖지 않으면

윤회의 뿌리 자를 수 없으니, 열심히 정진하여
방법을 찾아 연기법(공성)을 이해하라.

(10)
A person's entered the path that pleases the Buddhas
When for all objects, in the cycle or beyond,
He sees that cause and effect can never fail,
And when for him they lose all solid appearance.

우리가 부처님들을 기쁘게 만드는 길에 들어섰다고
할 수 있는 것은 윤회와 열반의 모든 대상들에 대해
인과의 법(연기법)이 어김없이 적용된다는 걸 깨닫고
그 대상들이 확고하게 실재하는 것으로 보이지 않을 때다.

(보충) 자아와 무아에 대한 짠드라끼르띠(Chandrakirti)의 설명

Here what we call "self" refers to any nature or state /
objects could have in which they relied on nothing else.
The non-existence of this is what we call "no-self."

여기서 우리가 "자아"라고 부르는 것이 가리키는 것은 대상이
다른 아무것에도 의존하지 않고 가질 수 있는 어떤 성질이나
상태입니다. 이것이 존재하지 않는 것을 우리는 "무아"라고
부릅니다.

(11)
You've yet to realize the thought of the Able
As long as two ideas seem to you disparate:
The appearance - infallible interdependence;
And emptiness - beyond taking any position.

너는 아직 여래의 뜻을 깨닫지 못한 거다.
다음 두 개념이 너에게 다른 것으로 보이는 한,
틀림없이 연기로 일어나는 현상(色)과
모든 입장(개념)을 초월한 공성(空)이 말이다.

(12)
At some point they no longer alternate, come together;
Just seeing that interdependence never fails
Brings realization that destroys your hold to objects,
And then your analysis with view is complete.
(문맥) alternate (=are disparate) ↔ come together (=become one)

어느 시점에서는 그들(색과 공)은 서로 다르지 않고
하나가 된다. 연기가 틀림없이 작용한다는 것을 깨달으면
깨달음을 얻어 대상에 대한 집착을 부순다,
그러면 공관(空觀)에 대한 분석[수행]이 완성된다.

(13)

In addition, the appearance prevents the existence extreme;

Emptiness (prevents) that of non-existence, and if

You see how emptiness shows in cause and effect

You'll never be stolen off by extreme views.

게다가, 색(色)이 막아주는 것은 존재의 극단(有邊유변, 常見상견)이고,

공이 막아주는 것은 비존재의 극단(무변(無邊, 斷見단견)이며,

그러니 네가 어떻게 공이 원인과 결과[연기] 속에 나타나는지 이해하면,

너는 결코 변견(邊見)으로 인해 정도에서 벗어나지 않을 것이다.

(14)

When you have correctly understood

The essentials of these three principal paths,

My son, seek seclusion and strengthen your effort

To swiftly accomplish your ultimate wish.

네가 바르게 이들 삼종요도의

핵심을 파악했다면

아들아. 조용한 곳으로 가서, 더 열심히 정진하여,

신속하게 너의 궁극적인 소원[성불] 이뤄라,

보리심의 경이로운 힘 - 내생준비

I pay homage to the awakening mind,
Which destroys any rebirth in the lower realms,
Liberates from all obscurations, and
Illuminates the majesty of complete buddhahood.　　— Atisha

보리심에 경배합니다,
이는 악도 환생을 막아주고,
모든 장애(번뇌장, 소지장 등)로부터 해방시키며,
완전한 붓다의 웅장한 경지 밝혀주네.　　— 아띠샤

In the nest of samsara's conceptuality
Is the garuda chick of bodhichitta.
If you develop the wings of means and wisdom,
It's certain you'll fly in the sky of omniscience.　　— Milarepa

사바세계의 관념성이란 둥지에
보리심이란 새끼 있네.
네가 방편과 지혜라는 두 날개 개발하면,
틀림없이 넌 일체지의 하늘에서 날게 될 거야.　　— 밀라레빠

[핵심적인 명상자료]
세 가지 번뇌 통제법 - 세 가지 수준의 문제해결방법

Methods of controlling afflictive emotions can be subsumed into three: rejection, transformation, and recognition.

번뇌를 통제하는 방법들은 다음 셋 안에 포함될 수 있습니다: 버림과 전환, 인식.

Rejecting these emotions is the ordinary approach of the sutras. Desire is renounced through contemplation on repulsiveness, hatred through contemplation on love, and stupidity through meditation on interdependent relationship.

(문맥) renounce = reject. meditation = contemplation

이들 감정을 버리는 것은 통상적인 현교의 방법입니다. 탐욕(탐)은 혐오스러움에 대한 사유를 통해 버려지고, 미움(진)은 자애에 대한 명상을 통해, 그리고 어리석음(치)은 연기에 대한 명상(사유)을 통해 버려집니다.

The uncommon approach of mantra is to transform afflictive emotions. When desire arises, you meditate on Amitabha or a deity such as Heruka in union. The desirous thought is transformed into the deity. The other deluded emotions are treated in the same way.

(문맥) The desirous thought = desire

비범한 밀교의 방법은 번뇌를 전환하는 것입니다. 탐욕이 일어나면, 아미타불이나 교합상의 헤루까 같은 부처님에 대해 명상합니다. 그러면 탐욕이 부처님으로 전환됩니다. 다른 번뇌도 같은 방식으로 처리합니다.

The exceptional approach is to recognize the true nature of afflictive emotions. When desirous thoughts arise vividly, looking directly at their essence, they subside in themselves. This is the dawning of mahamudra, bliss and emptiness inseparable. It is also called the pristine wisdom of discernment. There has never been anything to reject, nor to accept, nor to transform; everything is contained within mind. Know that there is no other intention of a buddha than simply the uncontrived mind itself. — Jamgon Kongtrul

예외적인 방법은 번뇌의 참된 성품(본성)을 인식하는 것입니다. 탐욕이 생생하게 일어날 때, 바로 그것의 핵심(본성)을 보면, 그것은 자기 자신 속으로 가라앉습니다[자연소멸]. 이것이, 마하무드라, 낙공불이(樂空不二)가 밝아오는 것입니다. 이것은 또한 원초적 분별지(묘관찰지)라 불립니다. 버릴 것도, 또한 받아들일 것도, 전환할 것도 없습니다. 모든 것은 마음 안에 들어있으니까요. 우리가 알아야 할 것은 부처님의 의도는 단지 조작되지 않은 (본래의) 마음 자체 밖에 없다는 것입니다.

— 잠괸 꽁뚤

우리 곁에 오신 성녀들!

자신의 뜻과 상관없이 성폭행 등으로 잉태된 아이라도
귀한 생명에 대한 존중과 사랑 때문에 지우지 않고
낳아서 기르는 분들! - 이들은 분명히 성인(聖人)이거나
성인이나 다름없이 훌륭한 분들입니다. 어떻게 이런
고귀한 분들에게 돌을 던지고 그 아이에게까지 고통을
줄 수 있단 말입니까? 이 아이는 전생에 우리들의
어머니나 아버지였을 수 있을 뿐만 아니라 언젠가는
부처님이 될 분입니다. 모든 중생은 단 하나도 빠짐없이
붓다의 가족입니다, 개나 돼지까지도!

이 소중한 인생, 이왕이면 아름답게 행복하게!

Try to be a rainbow in someone's cloud.　　　　　　— Maya Angelou

누군가의 구름 속에 무지개가 되어보세요.　　　　　　— 마야 앤절로

May I be able to benefit beings
Through my body, speech, and mind.
Even through my shadow.　　　　　　— Jamgon Kongtrul Ladroe Thaye

제 몸과 말, 마음을 통해서
제가 중생들에게 이익을 줄 수 있게 하소서.
심지어 저의 그림자를 통해서도.　　　　　　— 잠괸 꽁뚤 라되 타예

주인노릇, 자기-억제(자제)

당신이 만드는 세계의 주인은 당신 자신 -
당신의 행복이나 불행 모두 당신이 만드는 것이니
탓을 남들이나 외부로 돌리는 것은 자기 자신의
주인 자리를 스스로 버리는 어리석은 행위입니다.

자기 사랑 → 타인 사랑

The moment you see how important
it is to love yourself, you will stop making
others suffer.   — Buddha

자기 자신을 사랑하는 것이 얼마나 중요한지
아는 순간, 우리는 남들을 고통 받게 만드는
것을 그만둔다.   — 붓다

행복의 기반 - 자기 사랑

내 생을 사랑하지 않고는
다른 생을 사랑할 수 없음을 늦게 알았습니다.
그대보다 먼저 바닥에 닿아
강보에 아기를 받듯 온 몸으로 나를 받겠습니다.   — 김선우, '낙화, 첫사랑'
(성장) 자기 사랑 → 타인 사랑 → 전체 사랑

유일한 구원은 사랑

You know quite well, deep within you,
that there is only a single magic, single
power, a single salvation ... and that is
called loving. Well, then, love your suffering.
Do not resist it, do not flee from it. It is
your aversion that hurts, nothing else.

— Herman Hesse

그대는 아주 잘 알고 있습니다, 그대 내면 깊이,
세상에 있는 유일한 마력, 단 하나의 힘, 단 하나의
구원이 있는데 ... 그걸 사랑이라고 한다는 것을.
네, 그렇다면, 그대의 고통을 사랑하세요.
거기에 저항하지 말고, 거기에서 달아나지 말아요.
그대를 괴롭히는 것은 그대의 미움이지,
다른 것이 아니에요.

— 헤르만 헤세

자기 자신의 내부의 최선을 찾아야 하는 까닭

"You may offer the best to others
when you are in touch with the best
within yourself."

"우리가 남들에게 최선을 줄 수 있는 것은

우리가 우리들 자신의 내부에 있는 최선과 닿아있을
때입니다."

이원적인 알아차림과 통합적인 앎(각성)

The hinayana level of intelligence is mindfulness.
I suppose we could say that the prajna level that
comes then is awareness. which is greater than
just being mindful of particular things...
Mindfulness is sometimes called "recollection"
(smriti in Sanskrit), which does not mean
recollecting the past, but recollecting what is
happening here now. In the actual, real, final
prajna, awareness becomes all-pervasive.

― Chögyam Trungpa

소승 수준의 지혜가 알아차림입니다. 제가 생각하기에
우리는 이렇게 말할 수 있습니다, 반야(대승) 수준에
오면 이것은 각성(전체적인 의식)입니다, 이것은 특정한
것들에 대해 단순히 알아차리는 것보다 더 큽니다...
알아차리는 것을 때로는 "회상"이라고 하는데, 이것은
과거를 회상하는 것을 의미하는 것이 아니라, 지금
여기에서 벌어지고 있는 것을 회상하는 것입니다.
실제의, 진정한, 최종적인 반야에서, 각성은 모든 것에
미치는(전체적인) 것입니다.

― 최갑 뚱빠

The Four Immeasurables

May all living beings have happiness and the
 causes of happiness;
May all living beings be free from misery and
 the causes of misery;
May all living beings never be separated from
 happiness, devoid of misery;
May all living beings abide in equanimity free
 from attachments and aversions.

네 가지 무량한 마음

모든 중생들이 영원히 행복과 행복의 원인을 가지소서.
 [慈(자): 사랑]
모든 중생들이 영원히 고통과 고통의 원인을 여의소서.
 [悲(비): 연민]
모든 중생들이 영원히 고통 없는 행복과 헤어지지 마소서.
 [喜(희): 수희]
모든 중생들이 영원히 평등심에 머물며 탐착(탐)과 미움
 (진)을 버리소서. [捨(사): 버림]

단지 행복만 갖는 것보다 그 원인까지 가지면 가능한
모든 행복을 갖게 될 테고, 고통뿐만 아니라 고통의
원인까지 버리면 가능한 모든 고통을 버리게 될 것입니다.
여기에서 우리는 불교의 완벽한 철저함을 볼 수 있습니다.

Mahamudra 수행의 핵심: Gampopa의 가르침

1 You go to congenial places where disenchantment
can be produced and experience can develop.

수행하기 좋은 곳에 가서 염리심(출리심)을 일으키고
경험을 얻는다.

2 There, you arouse the mind thinking, ('For the sake
of all sentient beings, I will attain Buddhahood.")

거기서, 보리심을 일으킨다. ('모든 중생들을 위해, 제가
붓다의 경지를 성취하겠습니다.')

3 Meditate on your body as the deity.
Meditate on the guru over your crown.

자기 몸을 붓다로 보고 명상한다.
스승님을 정수리에 모시고 명상한다.

Not letting any thought spoil your mind,
not altering mind in any way because it is nothing
whatsoever, put yourself in a cleared-out purity,
vividly present, cleaned-out, wide-awake state!

어떤 생각도 너의 마음을 해치게 하지 말고, 어떤 방법
으로든 마음을 개조(조작)하지 마라, 마음은 전혀 아무것도
아니니까. 너 자신을 놓아라, 깨끗이 비운 청정 속에, 생생하게
그 자리에 마음을 두고, 활짝 깨어있는 상태 속에!

대통합을 위한 마하무드라("대상징"— 大印대인)

이것은 위대한 선사(zen master)이자 금강(승) 매스터(vajra master)인 Chögyam Trungpa Rinpoche(최감 뚱빠 린뽀체)의 법문을 아찰라 김영로가 정리한 것입니다.

마하무드라는 실상實相(공성)을 직접 접촉(direct contact)하도록 인도하는 (핵심 pith) 가르침(instruction)이며, 이것은 다음 넷으로 요약될 수 있습니다.

1) One-pointedness("하나-가리킴: 일경성一境性"): 이것은 모든 경험[전체]을 하나로 통합하는 것입니다.

2) Simplicity("단일성"): 복잡한(다양한) 것을 단순한 (동일한) 것으로 통합하는 것. [속제 = 진제]

3) One taste("한 맛"): 모든 경험을 거대한 가마솥에 넣어 끓이면 한 맛(一味일미)이 됩니다.

4) Nonmeditation("무수"): 많이 수습하여 조작적인 수습을 자연 발생적인 진정한 수습에 도달하는 것입니다.

마하무드라 수행을 통해 대통합에 도달하면 우리들을 기다리는 것은 cosmic orgasm (우주적, 전체적 오개즘. 대락大樂)입니다.

위대한 스승 Tilopa(띨로빠)가 위대한 학자 제자 Naropa(나로빠)를
깨달음으로 인도하기 위해 12 차례 견디기 어려운 시련을 주었는데,
그 목적은 일미를 깨닫게 하는 것이었습니다. Naropa의 위대한 제자
Marpa도 유사한 방법으로 Milarepa를 깨달음으로 인도했습니다.

기억하십시오. 깨달음으로 통하는 문은 지식이 아니라 강렬한 체험!
쫑카빠 대사가 말씀하셨듯이 출리심(해탈하려는 마음)과 보리심(모든
중생들을 위해 성불하려는 마음)과 정견正見(공성에 대한 바른 견해)만
갖추면 바로 수습(수행)에 들어갈 수 있다고 합니다. 너무 많이 아는
것은 깨달음을 얻는 데 오히려 장애가 될 수 있습니다. 그 지식이
시야를 가릴 수 있기 때문입니다.

괴로움의 근원: 집착 - 아집, 실집
[존재에 관한 핵심용어 살펴보기]

ego/self-grasping/clinging 아집(我執 '아'의 실재를
믿는 견해) = ego-perception = sense of self 아상(我相)

The ignorant compulsion to regard one's self, or I,
as permanent, self-existent, and independent of
all other phenomena.

무지하여 [번뇌의 지배로] 어쩔 수 없이 자신의 자아 또는
'나'가 영원하고, 스스로 존재하며, 모든 다른 것들로부터
독립된 것이라고 생각하는 것.

compulsion 물리칠 수 없는 충동(irresistible impulse)
= other-control 타자(他者) 지배 ↔ self-control 자제

Knowing samsara's cause is belief in "I,"
You know its remedy to be selflessness.
So if you apply scripture and reasoning
To gain certainty that there is no self,
And if you meditate on selflessness, you're
  so fortunate-
This is what it means to be lucky.

윤회의 원인이 "나"에 대한 믿음(아견我見)임을 알면
그대는 그것의 대책이 무아(無我)임을 안다네.
그래서 그대가 경전과 논증을 공부하여
자아가 없다는 확신을 얻어,
무아에 대해 수행하면, 그대는 너무도 운이 좋으니-
이것이 행운의 의미라네.
(문맥) belief in "I" = self-grasping ↔ no-self =
selflessness. fortunate = lucky.

[핵심적인 명상자료]
불행의 원인들 - 자기 자신의 뜻과 생각

A greater ghost than you is clinging to an "I."
A more plentiful ghost than you is conceptual thinking.
A more evil ghost than you is the malevolent mind.
A wilder ghost than you is discursive thoughts.
A more spoiled and stubborn ghost than you is the
　latent tendencies.　　　　　　　　— Milarepa to a female ghost

너(자기)보다 더 큰 아귀는 아집이다.
너보다 더 풍부한 아귀는 개념적인 사고이다.
너보다 더 악한 아귀는 악의를 가진 마음이다.
너보다 더 사나운 아귀는 이분법적인 생각이다.
너보다 더 버릇없고 완고한 아귀는 습기이다.　　— 밀라레빠가 어느 여성 아귀에게

If you see the no-self upon the object,
the seeds of samsara will cease to be.　　　　　　— Aryadeva

만일 그대가 대상에 아(我)가 없다는 걸 보면,
윤회의 씨는 소멸될 것이다.　　　　　— 아르야 데와(聖天성천)

Believing "It exists" is grasping at permanence;
Believing "It does not exist" is the view of nihilism.

(문맥) grasping at permanence =
the view of permanence (grasping at = the view of)

"그것이 존재한다"고 믿는 것이 상견(常見)이고,
"그것이 존재하지 않는다"고 믿는 것은 단견(斷見)이다.
(보충) 단견　nihilism ↔ eternalism = permanence

Self-grasping 아집(我執) → 미혹(번뇌)

A conceptual mind that holds any phenomenon to be inherently existent. The mind of self-grasping gives rise to all other delusions, such as anger and attachment. It is the root cause of all suffering and dissatisfaction.

(아집은) 개념적인(이원적인) 마음으로서 모든 것이 자체적으로 존재(실재)한다고 생각한다. 이 아집의 마음이 일으킨다, 모든 다른 미혹(번뇌)을, 분노와 애착 같은. 이것이 모든 고통과 불만족의 근본 원인이다.

(문맥) A conceptual mind that holds any phenomenon to be inherently existent = The mind of self-grasping

Self-grasping → self-cherishing 아애(我愛, 자기중시)

The self-centered attitude of considering one's own happiness to be more important than that of others; the main obstacle to the realization of bodhicitta.

자기중심적인 태도로 자기 자신의 행복을 남들의 행복보다 더 중시하는 것. 이것은 보리심을 깨닫는 데 주 장애이다.

(표현) an obstacle to ~

True-grasping 실집(實執), 실재에 대한 믿음

A conceptual mind that apprehends true existence.
개념적인(이원적인) 마음, 실재를 마음으로 붙잡는(파악하는).

"I"-holding delusions "나"를 붙잡는(我執아집의) 미혹
ungrasping vision 실집하지 않는 견해(空觀공관)
nonapprehending ('존재를 파악하지 않는') 실집하지
   않는
= noncomprehending
nonobserving ('존재를 보지 않는') 공(空)하게 보는
= unobservable = inconceivable
nonobjectifying ('대상화 하지 않는') 대상을 초월하는

* inconceivable ('생각해낼 수 없는') 생각(개념을 초월한)
  compassion (자비) = 무연자비

Non-objectified offerings consist of meditating on the meaning of selflessness. This is the supreme offering.

대상화하지 않는(무연의) 공양은 무아의 의미에 관한 명상이다. 이것이 최상의 공양이다.

범부의 행위와 성인(聖人)의 행위의 차이

If there is observation of the three –
What is abandoned by whom, and with respect to
   whom –
That moral discipline is explained as a mundane
   perfection.
That which is empty of attachment to the three is
   supramundane.

다음 셋이 있다고 보면 - 무엇(행위)을, 누가(행위자) 버리고,
누구(행위의 대상)에게 버리느냐 -
그 지계는 세간적인(범부의) 바라밀이다.
이 셋에 대한 집착이 없어야 탈세간적인(성인의) 것이다.

(문맥) That which is empty of attachment to the three
= If there is no observation of the three

Giving with emptiness of giver, gift, and receiver
Is called a 'supramundane perfection.'
Where attachment to these three is generated
It is explained as a mundane perfection.　　　　— Chandrakirti

(문맥) explained = called

보시자, 보시물, 받는 사람에 대한 생각 없이 주는 것은
출세간적인(초월적인) 완성(바라밀)이라 부른다.
반면 이들 셋에 집착하는 마음을 내는 것(보시)은
세간적인(범부의) 바라밀이라 한다. — 찬드라끼띠

(문맥) emptiness of giver, gift, and receiver =
without attachment to these three

[핵심적인 명상자료]
청정한 견해의 중요성

Know that your own impure appearances cause
negativity to adhere to you! — Padampa Sangye

알아라, 너 자신에게 부정(不淨)한 것으로 나타나 보이는
것들이 네게 악업이 달라붙게 만든다는 것을! — 달마대사

(역자) 항상 청정한 견해를 갖고, 몸과 말, 뜻으로 청정한
행위에 종사하면 우리는 낙원을 건설하는 것입니다.
그러기 위해 우리는 공성(空性)을 제대로 알고 실천해야
합니다.

오염된 행위의 의미

Tainted deeds are actions done with
the three concepts of subject, object, and action
perceived as having a real and independent
existence.
(문맥) deeds = actions

오염된 행위는 이런 행위이다, 주체와 객체, 행위가
실제로, 그리고 독립적으로 존재한다는 세 가지 관념을
갖고 한.

(역자) 공성을 깨달으면 행위의 주체도, 행위의 대상도,
행위 자체도 없습니다. 이것을 삼륜청정(三輪淸淨)이라
하는데, 이것이 최상의 행위, 청정행, 무위입니다.

Any action that is tainted
(whether negative, selfish, or dualistic)
is not free from the darkness of ignorance,
the notion of 'I'.

어떤 행위든지 오염된(부정적이든, 이기적이든, 이원적
이든) 것은 무명의 어둠, '나'라는 개념(我相아상)에서
벗어나지 않은 것입니다.

objectlessness

= nonreferentiality

= nonreality

objectlessness. Literally "nonperception." This is also translated as "nonreferentiality." It is in effect a synonym for emptiness.

대상없음. 문자 그대로 "불(不)파악(파악하는 대상이 없음)." 이것은 또 "가리키지 않음(가리키는 것이 없음)"으로 번역됩니다. 이것은 실제로 공성(空性)의 동의어입니다.
(표현) a synonym for ~의 동의어

objectless

= truthless

= nonapprehending

insubstantial ('실체가 없는') 공(空)한 〈substance
   실체
objectify ('대상화 하다') 실재하는 것으로 보다
reify ('실재화 하다') 실재하는 것으로 보다
= solidify ('견고화 하다')

<u>view of the changeable aggregates 변할 수 있는 (무상한) 오온에 대한 견해</u>

One of the five extreme views where we see our constantly changing aggregates as permanent and uncaused. Also called the "reifying view of the perishable aggregates." View of the transitory collection.

다섯 가지 극단적인 견해 중 하나로 여기서 우리는 우리들의 끊임없이 변하는 오온을 지속적이고 원인 없이 이루어진 것으로 봅니다. 또한 이것은 "멸할 수 있는 오온을 실재하는 것으로 보는 견해"라고도 불림. 무상한 오온관.

(문맥) permanent ↔ changing =
perishable = transitory. collection = aggregates

empty of concreteness ('견고성이 없는') 실재하지 않는
= empty of thingness('物體性물체성' - 실재)
= empty of self-existence 스스로 존재하지 않는
= empty of self-nature 자성(自性)이 없는
= empty of self-identity 자기-정체(개체성)가 없는

[핵심적인 영어 학습자료]

To a fool who squints
One lamp is as two,
Where seen and seer are not two,
Ah! the mind works
on the thingness of them both.

그것은 어리석은 사팔뜨기가
하나의 등불을 두 개로 보고 있는 것이니,
보는 자와 보여지는 자가 둘이 아니며
보는 자와 보여지는 자
양쪽 모두 다 마음의 작용일 뿐이라오.　　— [어떤 분의 그릇된 번역(誤譯오역)]

어리석은 사람처럼 삐딱하게(잘못) 보면
등불 하나가 둘로 보이네.
보이는 것(객체)과 보는 자(주체)가 둘이 아닌데도,
가엾어라! 그의 마음은 이들 둘을 실재한다고 보네.　　— [필자의 번역]

(주의) 이 오역의 원인: 1) 일반적인 영어센스 부족,
2) 용어 thingness에 대한 전문적인 이해 부족.

the mind works on the thingness of them both.
'그(의) 마음은 작용한다, 그들 둘이 물체라는 것에 대해.'
= 그는 본다(sees), 그들 둘이 물체(존재)라고.
= 그는 생각한다, 그들 둘이 존재(실재)한다고.

(참고) He believes in God.
'그는 믿는다, 창조주 신에 대해.'
= 그는 창조주 신(의 존재)을 믿는다.

공성의 공성이란 무엇인가?

The emptiness of what is called 'emptiness'
Is said to be the emptiness of emptiness.
It was taught to overcome the mind
That apprehends emptiness as a thing. — Chandrakirti

'공성'이라 불리는 것의 공성을
공성의 공성이라 한다.
이 가르침의 목적은 이런 마음을 극복하기 위한
것이다, 공성을 물체(실재하는 것)로 보는. — 찬드라꺼띠(月稱월칭)

공간의 통합성(旷모)과 존재의 차별성(子자) - 공(空)과 색(色) - 양면의 지혜

The fundamental element of this cosmos is space. Space is the all-embracing principle of higher unity. Its nature is emptiness; and because it is empty, it can contain and embrace everything. In contrast to space is the principle of substance, of differentiation, of 'thingness.' But nothing can exist without space.

이 우주의 근본적인 요소는 공간입니다. 공간은 일체를 포옹하는 더 높은 통일성의 원리(개념)입니다. 이것의 성품은 공성입니다. 이것은 공하기 때문에 일체를 포함하고 포옹할 수 있습니다. 공간과 대조 되는 것이 실체, 차별성, 물체성(존재)의 원리입니다. 그러나 아무것도 존재할 수 없습니다, 공간이 없으면.

Proponents of things 실재론자

The Vaibhashika, Sautrantika, and Chittamatra Buddhist schools are known as 'proponents of things' because they assert that things are truly existent. (문맥) assert = propose

비바사사(毘婆沙師/說一切有部 설일체유부), 경량부, 유식(唯識) 불교 학파는 "실재론자"로 알려져 있는데, 이들의 주장에 의하면 모든 것이 실재하기 때문입니다.

exaggeration or projection 과장(과대평가, 增益증익) 또는 투사 = superimposition('덧붙이기')

projecting existence on what does not exist.
존재하지 않는 것에 존재를 투사하는 것(존재한다고 보는 것)

denial or underestimation 부정 혹은 과소평가
(減損감손 ↔ 增益증익)

denying the existence of what does exist.
실제로 존재하는 것의 존재를 부정하는 것

> [핵심적인 명상자료]
> # 공성에 대한 깨달음이 가져오는 엄청난 이득
> - 가난으로부터 영원한 해방 -

If you don't recognize objects as illusory
projections, you won't develop mind which is
not needy!
— Padampa Sangye

만일 네가 대상이 환영 같은 투영임을 인식하지
않으면, 너는 아무것도 필요한 것이 없다는
마음을 개발하지 못할 것이다.
— 달마대사

When we talk about "meditating on emptiness,"
we really mean to meditate on the emptiness or
absence of the formerly projected characteristics.

우리가 "공성에 관한 명상"에 대해 얘기할 때 실제로
우리가 의미하는 것은 공성 혹은 이전에 투사된(자기
마음에 의해 만들어진) 상(像)의 부재(실재하지 않음)에
대해 명상한다는 뜻입니다.

공성 = 우리가 본 형상이 실재하지 않음(不在부재)

Since the beginning are all things void;
Yet we grasp at reality in pictures drawn merely
　by our own intellect,

And thus we make the world into a pit of sorrow.
Cut out false projections, the root of delusion. — The Seventh Dalai Lama

처음부터 모든 것은 공(空)하나
우린 단지 우리들 자신이 지적으로 그린 그림을 실재하는
  것으로 생각하여
세상을 슬픔의 구덩이로 만드네.
그릇된 투영(投影) 잘라내게, 그건 미혹(번뇌)의 뿌리니까. — 제7대 달라이 라마

명상의 경이로운 결과

A robber who, in order to acquire the invincible magic sword, submitted to a strict practice of meditation, could not make use of that sword, after he had gained it, because the practice of meditation had transformed him into a saint.

어느 강도가 불패의 마력의 검을 얻기 위해 엄격한 명상 수행에 들어갔으나, 그 검을 사용할 수 없었습니다. 그 칼을 얻은 뒤에. 왜냐하면 그 명상 수행이 그를 성인(聖人)로 바꿔놓았기 때문입니다. (표현) make use of = to use

ignorance (무지/無明무명)

A lack of realization of the final nature of all
phenomena; the innate belief that things exist as
substantial, independent, self-sufficient entities.

모든 것의 궁극적인 성품(공성)에 대한 깨달음의 결핍,
다시 말해, 타고난 믿음, 모든 것이 존재한다는,
실체적, 독립적, 자족적인 개체로.
(문맥) all phenomena = things.

ignorance (Skt: avidya; Tib: ma-rig-pa) 무명

Literally, "not seeing" that which exists, or the way
in which things exist. There are basically two kinds,
ignorance of karma and ignorance of ultimate truth.
The fundamental delusion from which all others spring.
The first of the twelve links of dependent origination.

문자적인 의미는 "못 보는 것," 존재하는 것 혹은 모든 것이
존재하는 방식을. 여기에는 근본적으로 깔마에 대한 무지와
궁극적인 진실(공성)에 대한 무지가 있습니다. 이것은 근본적인
미혹(번뇌)인데, 이로부터 다른 모든 미혹이 일어납니다.
이것은 12 연기의 첫째 고리입니다.

해탈의 방편 - 범부가 윤회에 묶여있는 이유

Worldly beings are unskilled

because they lack the wisdom realizing emptiness.

Thus they conceive things to be truly existent.

Through the force of this true-grasping

they are bound to samsara.

세속의 중생들은 [해탈의] 방편을 모릅니다, 이들에게는
공성을 깨달을 지혜가 없기 때문입니다. 그래서 그들은
모든 것이 실재한다고 믿습니다. 이런 실집(實執)의
힘 때문에 이들은 윤회에 묶여있습니다.
(문맥) true-grasping = conceiving things to be truly existent

True-grasping is a form of ignorance

that superimposes upon phenomena a fabrication

of true existence, thereby obstructing the view

of the ultimate nature, or emptiness.   — Padampa Sangye

실재에 대한 집착(실집實執)은 일종의 무지인데, 이것은
모든 것이 실제로 존재하는 것으로 조작(왜곡)하여,
궁극적인 성품 혹은 공성에 대한 견해(正見정견)를
가립니다.   — 빠담빠 쌍계(달마대사)

(표현) superimpose X upon Y - X를 Y위에 올려놓다

renunciation (Tib: nge-jung) 출리심

Literally "definite emergence". The state of mind not having the slightest attraction to samsaric pleasures for even a second and having the strong wish for liberation.

문자적인 의미: "확고한 탈출." 마음이 조금도 윤회하는 사회의 즐거운 것들에게 잠시도 끌리지 않고 해탈에 대한 강한 소망을 갖는 상태.

The truth though is that, even just to reach a lower nirvana, renunciation is an absolute necessity; in fact, it has to be fierce renunciation. — Pabongka Rinpoche

사실은 비록 낮은(소승의) 열반에 도달하기 위해서도, 출리심은 절대로 필요하다. 실은 그것은 맹렬한 출리심이어야 한다. — 빠봉까 린뽀체

빠른 성취로 인도하는 것 - 맹렬한(치열한, 간절한) 마음!

renunciation(출리심)에 대한 탁월한 설명

What the warrior renounces is anything in his experience that is a barrier between himself and others. In other words, renunciation is making yourself more available, more gentle, and open to others.
— Chögyam Trungpa

(깨달음의) 용사(수행자)가 버리는 것은 뭐든 자신의 경험 중에서 자기 자신과 남들 사이에 있는 장애물입니다. 다시 말해, 버림으로써 그는 자기 자신을 만듭니다. 남들이 더 많이 자기를 이용할 수 있고, 남들에게 더 상냥하고, 그리고 더 열려있게.
— 최감 뚱빠

출리(버림) = 열림 → 마음의 여유(지혜의 공간) 확장.
공성 = 완전한 열림 = 전체와의 완전한 통합

taking and giving (tong-len똥렌) 받기와 주기

The meditation practice of generating bodhicitta by taking on the suffering of others and giving them happiness.

보리심을 일으키는 명상법으로, 이것은 남들의 고통을 받아들이고 그들에게 행복을 주는 것입니다.

[핵심적인 명상자료]

'죄'(절단) - 법공(法空), 아공(我空), 불이(不二)

Chod, "Cutting," refers to self-cherishing's bondage being cut by bodhichitta, love, and compassion, and the root of grasping at self and true existence being cut by the view of shunyata.

— Padampa Sangye

"죄(절단)"이 가리키는 것은 아애(자기-중시)의 속박은 보리심과 자비심으로 절단되고, 아집과 실집(實執)의 뿌리는 공관(空觀)으로 절단된다는 것이다.

— 달마 대사

"What is Chod?" Machik says:

In fact, there is nothing to sever;
To conquer cowardice "Chod" is explained.
When you realize that everything is mind,
There is no object to be severed elsewhere.
When you realize mind itself as empty,
Severance and severer are nondual.
When you experience nonduality
There is no severing of evil, it was already cut.
It is like a thief in an empty house.

(문맥) sever = cut (자르다, 절단하다)

"무엇이 죄('절단')인가?" 마직이 말한다:

사실은, 절단해야 할 것이 아무것도 없다.
두려움을 정복하는 것이 "죄"의 목적이다.
모든 것이 마음이라는 것을 깨달으면,
절단해야 할 대상이 그밖에 어디에도 없다[法空법공].
그리고 마음 자체도 공(空)하다는 것[我空아공] 깨달으면,
절단과 절단하는 자가 둘이 아니(不二불이)다.
불이를 체험하면 절단해야 할 악이 없다, 이미
절단됐으니까. 그것(악)은 마치 빈 집에 들어온 도둑 같다.

Mere realization of the inherent nature of mind
Overwhelms the outer haunted places.
Freedom from fixation on anger, desire, or cherishing
Overwhelms inner sickness and spirits.
Freedom from calculating what is or isn't
Overwhelms secret discursive thinking.
Freedom from prejudice
Overwhelms cyclic existence.　　　　　　　　　— Machik Lapdron

마음의 본성(공성)을 깨닫기만 해도
바깥의 무서운 곳들은 압도된다(정복된다).
분노나 욕망, 아애에 대한 집착에서 벗어나면
내면(마음)의 질병과 영(귀신)들은 압도된다.
존재하는 것과 하지 않는 것에 대한 관념으로부터 벗어나면
은밀한 이분법적인 사고는 압도된다.
편견으로부터 벗어나면(正見정견을 가지면)
윤회는 압도된다.　　　　　　　　　　　　— 마직 랍된

해탈(영원한 자유)과 안락으로 가는 길: 놓아주기

Learn to let go. That is the key to happiness.   — Buddha

배워서 놓아줘라. 이것이 행복의 열쇠다.   — 붓다

If we exert no effort, it is the king of action.   — Tilopa

(억지로) 애쓰지 않는 것이 최상의 행위다.   — 띨로빠

(표현) exert no effort = make no effort

If you give up dualistic clinging,
Your desire will be calmed within itself.

이집(二執:주체와 대상에 대한 집착)을 놓아주면,
너의 욕망은 자체 안에서(저절로) 진정된다(사라진다).

Casting off self and completion of Dharma are
simultaneous!   — Padampa sangye

자아를 던져버리면 달마(붓다의 가르침) 완성이 동시에
이루어진다.   — 빠담빠 쌍계(달마대사)

띨로빠의 놓아주기 가르침

Let go of what has passed,
Let go of what may come,
Let go of what is happening now,
Don't try to figure anything out,
Don't try to make anything happen,
Relax, right now, and rest.　　　　　　　　　― Tilopa

지나간 것(과거)을 놓아줘라,
다가올 것(미래)을 놓아줘라,
지금 벌어지고 있는 것(현재)을 놓아줘라,
아무것도 알아내려고 하지 마라(욕심 내려놓기),
아무것도 일어나게 하려고 하지 마라,
긴장을 풀고, 지금 당장, 쉬어라.　　　　　　　― 띨로빠

괴로운 분들, 잠 못 이루는 분들을 위한 놓아주기 훈련

회상하지 마라. → 과거에 대한 생각의 속박으로부터 해방
= 지나간 일을 생각하지 마라(놓아주라). 고통은 기억!

상상하지 마라. → 미래에 대한 생각의 속박으로부터 해방
= 앞으로 일어날 일을 생각하지 마라(놓아주라).

생각하지 마라. → 현재에 대한 생각의 속박으로부터 해방
= 현재 일어나고 있는 일을 생각하지 마라.

조사하지 마라. → 알아내려는 욕망의 속박으로부터 해방
= (모르는 것을 구태여) 알아내려고 애쓰지 마라.

조종하지 마라. → 뜻대로 하려는 욕구의 속박으로부터 해방
= 자기 뜻대로 하려고 애쓰지 마라.

쉬어라 → 관여(간섭)하려는 마음의 속박으로 부터 벗어나라.

2분 안에 잠들기 - 미국 전투기 조종사 훈련법

Step 1: Relax in your seat

Put your feet flat on the ground, while relaxing your hands in your laps.

Breathe slow, deep breath while relaxing every muscle in your face and letting your forehead, cheeks, mouth, tongue, jaw go limp.

1단계: 긴장을 풀고 자리에 앉아라

두 발은 평평하게 바닥에 놓고, 손의 긴장을 풀고 무릎에 놓는다.

천천히 심호흡하면서 얼굴에 있는 모든 근육의 긴장을 풀어주고, 이마, 뺨, 입, 혀, 턱의 긴장을 놓아준다.

Step 2: Relax your upper body

Let your shoulders drop as low as you can. Allow the muscles in your neck to go lifeless.

Starting with your dominant side, let your bicep feel like it's falling off your body. Then move to your forearm, hand, and fingers. If a muscle isn't relaxing, tense it first, then let it go loose.

Slowly exhale your tension.

2단계: 상체의 긴장을 풀어라

두 어깨를 가능한 한 낮게 떨어뜨린다. 목에 있는 근육들의 긴장을 풀어준다.

주가 되는 쪽부터 시작해서, 이두박근이 몸에서 떨어져 나가는 것 같은 느낌이 들게 하라. 그리고는 팔 앞쪽, 손과 손가락으로 옮겨간다. 어떤 근육의 긴장이 풀리지 않으면, 먼저 긴장시킨 다음에 긴장을 풀어준다.

천천히 호흡하며 긴장을 배출한다.

Step 3: Relax your lower body

Tell your right thigh muscle to sink, then move down your leg, saying the same thing to your calf, ankle, and foot. Your leg should feel like it has sunk into the ground. Then move on to your left leg.

3단계: 하체의 긴장을 풀어라

우측 넓적다리 근육에게 긴장을 풀라고 하고, 다리로 내려가
같은 말을 한다, 종아리와 발목, 발에게. 왼 발은 땅 속으로
가라앉은 것처럼 느껴야 한다. 그러고는 왼쪽 다리로 옮겨가라.

Step 4: Clear your mind

The final step is to clear your mind for ten seconds.
You can do this by paying attention to your breath as
it moves through your nostrils or holding a static image
in your mind.

Once your body is relaxed and your mind quiet, you
should slip away into darkness.

4단계: 마음을 비워라

마지막 단계는 10분 동안 마음을 비우는 것이다. 이것을 하는
방법은 호흡에 주의를 기울이는 것이다, 그것이 콧구멍을 통해
움직일 때, 혹은 움직이지 않는 이미지를 마음속에 잡고 있는
것이다.

몸이 이완되고 마음이 고요해지면, 슬쩍 떠나 어둠 속으로 들어
가라.

해탈과 통합

Outside dawned produced phenomena that disintegrate,
And inside dawned freedom from hope and fear.
In between I'm free of sickness of effort.
I don't cling to virtue and nonvirtue as two - that's
　all I've got!　　　　　　　　　　　— Milarepa

밖으로는 생산된 현상(有爲法유위법)이 소멸하고, [법공]
안으로는 희망과 두려움 여의며(사라지며), [양극초월]
중간으로 난 애쓰는 질병 여의네(사라지네). [무위성취]
난 선덕과 불선덕(악덕)을 둘로 보지 않으니 [통합성취] -
　이게 내가 가진 거 전부네.　　　　　— 밀라레빠

여실지(如實智 공성의 지혜)에 이르는 길

All things found in the world and beyond
Are illusions created by one's own thought.
Grasping at them but further distorts perception.
Give up grasping and see things as they are.　— the Seventh Dalai Lama

세간과 출세간에서 보이는 모든 것은 우리들 자신의
생각에 의해 만들어진 환영(幻影)이니, 이것들을
실재하는 것으로 보면(實執실집) 인식은 더욱 왜곡되니,
실집을 버리고 모든 걸 있는 그대로(空공한 것으로) 보게. — 제7대 달라이 라마

[핵심적인 명상자료]

Eight Kinds of Silence 여덟 가지 고요(적정)

1) To keep the silence of body, stay in retreat places without falling into any extreme. Through this you will turn away from passion and aggression.
2) To keep the silence of speech, remain in the manner of a mute. Through this you will not be distracted from spiritual practice by gossiping with others.
3) To keep the silence of mind, do not let yourself be governed by discursive thoughts and distractions. This will allow you to abide in the innate nature of dharmakaya beyond thoughts.
4) To keep the silence of sense pleasures, abandon the concepts of pure and impure food. This will make living simple and will cause the dakinis to gather.
5) To keep the silence of oral instructions, do not give them to unsuitable people. This will enable you to receive the blessings of the lineage.
6) To keep the silence of conduct, act spontaneously and without hypocrisy. This will enable progress and prevent your mind from collecting obscurations.
7) To keep the silence of experience, be free from attachment or fascination with your experiences and do not relate them to others. This will enable you to attain the siddhi of mahamudra within this lifetime.
8) To keep the silence of realization, be free from ambition and rest without falling into any extreme.

This will enable you to be liberated instantly in the moment of realization.

1) 몸의 고요를 유지하기 위해, 은거지에 머물며 어떤 극단에도 떨어지지 마세요. 이를 통해 당신은 탐욕과 미움으로부터 돌아설 것입니다.
2) 말의 고요를 유지하기 위해, 벙어리처럼 행동하세요. 이를 통해 당신은 남들과 잡담으로 수행에서 벗어나지 않을 것입니다.
3) 마음의 고요를 유지하기 위해, 당신 자신으로 하여금 이분법적인 생각과 주의 산만에 의해 지배받게 내버려두지 마세요. 이것은 당신으로 하여금 분별을 초월해서 법신의 본성에 머물게 할 것입니다.
4) 감각적인 즐거움의 고요를 유지하기 위해, 청정한 음식과 부정한 음식에 대한 관념을 버리세요. 이것은 삶을 단순하게 만들고 다끼니들이 모이게 할 것입니다.
5) 구전교의의 고요를 유지하기 위해, 그것(구전교의)을 부적절한 사람들에게 주지 마세요. 이것은 당신으로 하여금 법맥의 가피를 받게 할 것입니다.
6) 행위의 고요를 유지하기 위해, 자연스럽게 위선 없이 행동하세요. 이것은 진전을 가능하게 하고 당신이 장애를 쌓지 않도록 막아줄 것입니다.
7) 체험의 고요를 유지하기 위해, 당신의 체험에 대한 탐착이나 매혹에서 벗어나고 그것을 남들에게 얘기하지 마세요. 이것은 당신으로 하여금 금생에 마하무드라를 성취하게 할 것입니다.
8) 깨달음의 고요를 유지하기 위해, 야망에서 벗어나 머물며 어떤 극단에도 떨어지지 마세요. 이것은 당신으로 하여금 깨닫는 순간에 즉시 해탈하게 할 것입니다.

진실과 당위에 대한 기준(관념) - 속박

We must drop all reference points,
all concepts of what is or what should be.
Then it is possible to experience the uniqueness
and vividness of phenomena directly.

(문맥) all reference points = all concepts of what is
or what should be

우리는 버려야 합니다, 모든 기준점(규범), 존재하는 것(존재)과 존재해야 할 것(당위)에 대한 관념들을. 그래야 우리는 경험할 수 있습니다, 모든 것을 독특하고 생생하게 직접적으로 말예요.

진정한 독립 - 관념으로 부터의 독립

Physical isolation is not real solitude. The
supreme solitude is freedom from (grasping at)
characters (or objective images) and mental
concepts. - Saraha's consort to Saraha

(문맥) isolation = solitude = freedom

물리적인 독립은 진정한 독립이 아닙니다. 최상의
독립은 벗어나는 것입니다. 상像(또는 객관적인
이미지)와 관념으로부터. — 사라하의 짝이 사라하에게

Saraha 뿐만 아니라 많은 수행자들을 대성취자로
인도한 게 바로 여성 성취자 도우미들이었습니다. 이들은
불모(佛母), 부처님들의 어머니입니다.

앎, 안다는 관념으로부터 벗어나기

Not-knowing is true knowledge.
Presuming to know is a disease.
First realize that you are sick;
then you can move toward health.
-Lao Tzu

(문맥) Not-knowing (=Not presuming to know) ↔ Presuming to know

안다는 관념에서 벗어난 게 진실하게 아는 것이네.
감히 안다고 생각하는 것은 병이네.
먼저 그대가 환자라는 것을 깨닫게.
그러면 그대는 건강으로 옮겨갈 수 있네.
— 노자(老子)

A noble arahat, freed by 'disknowing,' is
calm and unshaken by the impact of
changing circumstances. His mind is at
peace. His words are peaceful. His actions
are peaceful.
(문맥) at peace = peaceful

성스러운(聖人성인) 아라한은, '앎으로부터 벗어남'
에 의해 해방되어, 평온하고 변하는 환경의 영향에
의해 동요되지 않습니다. 그의 마음은 평화롭습니다.
그의 말은 평화롭습니다. 그의 행동은 평화롭습니다.

규정(definition)의 제한(속박)으로 부터의 해방

Know the true definition of yourself.
That is essential. Then, when you know
your own definition, flee from it. — Rumi

그대 자신이 누구인지 바르게 아시오.
그건 매우 중요합니다. 그리고, 그대 자신을
안 다음에는, 거기서 달아나세요. — 루미

건강비결 - 먹고 마시는 최상의 방법

As I eat, I eat the food of emptiness;
That is how to eat without any dualistic notions.
— Jetsun Mila

(문맥) eat the food of emptiness =
eat without any dualistic notions

나는 먹을 때, 공(空)의 음식을 먹네,
이게 이원적인 관념(분별) 없이 먹는 법이라네. — 제쫀 밀라 (밀라레빠)

이렇게 하면 먹는 것도 최고의 수행입니다.
어떤 행위를 하거나 자기와 대상을 나누는 이원적인
관념 없이 하면, 그게 합일적인 청정행이요,
바른 행위(正業)입니다. 최고의 가르침을 실천하는
최고의 행위입니다. 이른바 해도 함이 없는
완전한 무위(無爲), 걸림 없는 행위입니다. 여기에는
식탐도 배탈도 비만도 성인병도 들어설 자리가 없습니다.

> 아애(我愛) 완전제거 → 대승견도성취

Geshe Chekhawa stayed with Geshe Sharawa for twelve years, and within six years he had become very skilled at training his mind. Other Kadampa Geshes recognized that he had attained the Mahayana path of seeing by completely abandoning self-cherishing.

게쉐 체카와는 게쉐 샤라와와 12년 동안 머물렀습니다, 그런데 그는 6년 이내에 매우 능숙하게 마음을 닦게 되었습니다. 다른 까담빠 게세들이 인정했습니다, 그가 자기 자신을 소중하게 여기는 마음을 완전히 버림으로써 대승의 견도(見道)를 성취했음을.
(표현) be skilled at ~ing 능숙하게 ~하다

대승의 오위도(五位道): 자량도(資糧道), 가행도(加行道), 견도(見道), 수도(修道), 무학도(無學道).

> **five powers 다섯 가지 힘(五力오력) 기르기**

The five forces to be practiced both in this life and at the time of death: the power of motivation, the power of acquaintance, the power of the white

seed (developing positive qualities), the power of
destruction (of self-cherishing), and the power of
prayer.

이생과 죽을 때 실천해야 할 다섯 가지 힘: 동기유발의 힘,
익히기의 힘, 하얀 씨앗(선업)의 힘, 아애 없애기의 힘,
기도의 힘.

여기 동기유발은 어떤 걸 시작할 때 보리심 같은 좋은
마음을 일으키는 것을 말합니다. 그리고 종결할 때는 거기서
얻은 공덕을 깨달음과 같은 좋은 목적을 위해 바칩니다(회향).
이렇게 하면 공덕이 쇠퇴하지 않고 증장한다고 합니다.

merit (공덕)의 위력

Positive imprints left on the mind by virtuous, or
Dharma, actions. The principal cause of happiness.
The merit of virtue, when coupled with the merit
of wisdom, eventually results in rupakaya.

선업이나 달마 활동에 의해 마음(의 흐름)에 남겨진 긍정적인
습기. 행복의 주 원인. 선업의 공덕(복덕)은 지혜의 공덕(慧德
혜덕)과 함께 결국 붓다의 색신(色身)을 가져옵니다.

authentic: uncontrived, spontaneously present, nonconceptual.

진정한: 무조작의, 자연발생적으로 현존하는, 비개념적인 (개념을 초월한)

> 개념 = 가림 / 열림 = 공성

"Phenomena" is a concept.
The lack of concepts is emptiness.
Where concepts appear,
how can emptiness be there?
The mind of concepts and conceptualizing
is not known by the Tathagata.
Where there are concepts and conceptualizing,
there is no enlightenment there.

— Nagarjuna

"법"은 [우리가 만들어낸] 관념이다.
관념의 부재가 공성이다.
관념이 나타나는(이분법적인) 곳에
어떻게 공이 있을 수 있겠는가?
관념과 관념화의 마음은 여래에게 알려지지 않았다.
관념과 관념화가 있는 곳에는,
깨달음이 없다.

— 나가르주나

이원통합 수행자료

1. Nail samsara and nirvana together with the unobstructed clarity of pure wisdom.
2. Nail the observer and the observed together with the self-appearing clear light.
3. Nail mind and matter together with the spontaneous pure essence.
4. Nail phenomena and the nature of phenomena together with absolute awareness.
5. Nail nihilism and eternalism together with freedom from views.
6. Nail elation and depression together with the liberation of the sense faculties.
7. Nail appearances and emptiness together with the primordially perfect dharmakaya.

1 윤회와 열반을 통합하라, 걸림 없는 명료한 청정한 지혜로.
2 관찰자와 관찰 대상을 통합하라, 스스로 나타나는 맑은 빛(정광명)으로. [정광명의 마음으로 보면 모든 것이 허공 같아 모든 경계, 분별이 사라집니다.]
3 마음과 물질을 통합하라, 자연발생적인 순수한 정수(본체)로.
4 법과 법성을 통합하라, 전체적(초월적)인 각성(지혜)으로.
5 단견과 상견을 통합하라, 견해로부터 벗어나서.
6 기분상승과 기분저하를 통합하라, 감각능력을 해방시켜서.
7 색(色)과 공(空)을 통합하라, 본래의 완전한 법신으로.

처음에는 어렵겠지만 하나씩 통합해나가다 보면 언젠가 일체와 하나 되는 대통합으로 마침내 우리들의 위대한 소원 이뤄지겠죠!

가장 좋은 소식: 우리들의 본래의 마음 → 법신

The primordial mind is a very subtle mind, and when manifest, it takes as its objects phenomena such as the complete absence of any limiting conceptual elaboration, the direct cognition of emptiness. It has the ability to create every quality of a buddha, and it has dwelt in the continuum of every sentient being since beginningless time without interruption. When it is purified, it becomes the dharmakaya.

본래의 마음은 매우 섬세한 마음입니다. 이것이 나타날 때, 이것이 대상으로 삼는 것은 모든 제한적, 관념적인 희론의 완전한 부재, 공에 대한 직접적인 인식 같은 것입니다. 이것은 붓다의 모든 자질을 창조할 수 있는 능력을 갖고 있고 모든 중생들의 마음의 흐름(상속)에 머물러왔습니다, 무시이래로 중단 없이. 이것이 정화되면, 이것은 붓다의 법신(法身)이 됩니다.

conceptual mind 관념적인(이원적인) 마음

A thought that apprehends its object through a
generic, or mental, image.

이것은 대상을 파악하는 우리들의 생각(마음)입니다,
일반적인, 혹은 마음의, 이미지를 통해서.

Non-conceptual mind 비관념적인(통합적인) 마음

A cognizer to which its object appears clearly
without being mixed with a generic image.

이것은 인식자(마음)입니다, 그에게 대상이 뚜렷이
나타나는, 마음의 이미지와 섞이지 않고(직접적으로).

두 보리심 - 세상에서 가장 큰 마음

Relative bodhicitta is contrasted with ultimate bodhicitta, the mind of a buddha, which is free of all misconceptions.

상대적(세속적)인 보리심과 대조되는 것은 궁극적인 보리심인데, 이것은 붓다의 마음으로, 모든 그릇된 관념으로부터 벗어난 것입니다. (* 세속적인 보리심: 모든 중생들을 위해 성불하려는 마음.)

ultimate bodhicitta (궁극적인 보리심)

The non-dual transcendental realization of emptiness within a bodhisattva's mental continuum.

공성에 대한 둘이 아닌(不二불이)의 초월적인 깨달음, 보살의 마음의 흐름 속에 있는.

Awareness, when used by masters of Dzogchen, means mind devoid of ignorance and dualistic fixation.

각성, 족첸 스승들이 사용할 때 이것이 뜻하는 것은 무명과 이집(二執이원적인 집착)을 여읜 마음.

개념적(이원적) 마음과 불이(不二)의 마음(각성)

The common mind is in every way misleading;
So I practice how to animate Awareness.　　　— Milarepa

범부의 마음(중생심)은 모든 면에서 오도하네.
그래 난 각성을 활성화하는 법을 수행하네.　　— 밀라레빠

Sems refers to the state of conceptual thinking,

involving fixation on some 'thing.'

It is a mistaken way of perceiving.

Rigpa means free from fixation.

It refers to a state of natural wakefulness

that is without dualistic thinking.

(문맥) conceptual thinking = dualistic thinking

셈(개념적 마음)은 개념적인 사고를 가리키는데, 여긴 어떤 것이 존재한다는 믿음(實執실집)이 들어있습니다. 이것은 그릇된 방식의 인식입니다. 릭빠는 실집으로부터 벗어남을 의미합니다. 이것은 본래의 의식 상태를 가리키는데, 여기에는 이원적인 사고가 없습니다.

(용어) Sems (마음)와 rigpa (각성)는 티베트어인데 전자는 번뇌에 물든 의식을, 후자는 번뇌를 여읜 청정한 의식을 가리킵니다.

(역자) 마음이 허파 부위에 머물며 호흡의 말을 타고 분별의 업을 지어 본성을 가릴 때, 각성의 지혜는 광명의 빛 덩어리 형태로 심장 가운데 머물며 여래장으로 존재한다고 합니다. 이 광명의 빛 덩어리를 미세하게 관찰해보면 오불(五佛)의 만달라 형태로 존재한다고 합니다.

조작하지 말고, 통합으로 가는 길!

"Nonmeditation," "nondistraction," "abandoning mental doings," "maintaining whatever arises (focusing directly upon bare awareness)," "ordinary mind," and "free of intellect" all mean uncontrived.
— Jamgon Kongtrul

"무수습," "무산만," "마음의 활동 버림," "뭐든 일어나는 것 유지하기(직접 발가벗은 각성에 집중하면서)," "평상심," "지성을 여읜," 이들 모두가 의미하는 것은 '조작되지 않은'입니다.
— 잠괸 꽁뚤

Nonmeditation means getting rid of the ambition to meditate by meditating a lot.
— Chogyam Trungpa

무수습이 의미하는 것은 수습하려는 야망을 제거하는 것입니다, 수습을 많이 해서.
— 최갬 뚱빠

핵심은 마음의 공성(我空아공)에 대한 수행

The many renowned traditions of this type of meditation - mahamudra, the great perfection, the great middle way - and terms such as "simplicity" and "freedom from elaboration" all refer to the practice of this meditation on the empty nature of mind. Meditating on the nature of mind is essential.

다수의 유명한 전통들의 이 유형의 명상 - 마하무드라, 위대한 완성(족첸), 위대한 중도 - 그리고 "단순"과 "희론 여읨" 모두가 가리키는 것은 마음의 공성에 대한 이 명상 수행입니다. 마음의 성품에 대한 명상이 핵심적입니다.

희론(戲論): '희롱적인 말,' 진실과 부합하지 않는 말.

수치심과 혐오감도 속박!

Give up this life! Abandon desires for future lives!
Chase out shame and disgust from your mind!
Divine view and meditation will emerge! — Dampa

이생을 버려라! 미래 생들에 대한 욕망을 버려라!
수치심과 혐오감을 네 마음으로부터 쫓아내라!
그럼 여래의 견해(세계관)와 명상이 일어날 것이다! — 달마대사

해탈로 가는 길 - 규범(속박)에서 벗어난 행위

Sometimes act crazy, and experiential realization
will fall from above.　　　　　　　　　　— Dampa

때때로 미친 행위를 하라, 그러면 체험적 깨달음이
위로부터 떨어질 것이다.　　　　　　　　— 달마대사

본성은 하나

True nature is utmost simplicity and oneness.
Anything more is an elaboration -
a fabrication and a distraction.

참된 성품은 극도의 단순이고 단일성입니다.
그 이상은 희론(헛된 논설) -
조작이며 이탈입니다.

"Simplicity" and "freedom from elaboration" refer
to the meditation on the empty nature of mind.

"단순"과 희론으로부터 벗어남"이 가리키는 것은 마음의
공한 성품에 대한 명상입니다.

[핵심적인 명상자료]
대성취자의 통합 관상 수행법 - 불멸의 감로수

All experience of the phenomenal world is gathered into the fields of my body, speech, and mind. The two poles of dualistic mentality, the two psychic channels, are united in the avadhuti, the third channel, and the space of mental quiescence, non-conceptualization, itself the avadhuti, is visualized as a lake from which the swan of cognition feeds upon the nectar of immortality inherent in all things. - Celuka (later The Mahasiddha Celukapa)

현상계에 대한 모든 경험이 나의 몸과 말, 마음의 영역 속으로 모아집니다. 두 극의 이원적인 사고, (좌우)두 맥관이 제3의 맥관 중맥에서 통합되고, 마음의 적정, 비관념화의(관념을 초월한) 공간 자체로서 중맥을 호수로 관상하는데, 여기에서는 인식의 백조가 모든 것에 내재하는 불사(不死)의 감로수를 먹고 삽니다.

— 첼루까(후에 대성취자 첼루까빠)

보리방편문(菩提方便門) — 금타 대화상 지음
THE BODHI-MEANS DOOR [영역/김영로]

보리는 깨달음을 의미하고,
보리방편문은 보리(견성오도)의 방편이며,
정혜균지(定慧均持)의 마음을 일경(一境)에 머물게 하는 妙訣이니,

숙독요의한 후 寂靜에 처하고 본문의 誦讀암기보다 제1절만
베껴서 단좌정시의 벽면에 붙여놓고, 보고(觀) 생각(念)하되,

관(觀)의 일상삼매(一相三昧)로 견성(見性)하고
염(念)의 일행삼매(一行三昧)로 오도(悟道)한다.

Bodhi means enlightenment (覺).
Bodhi-means door is a skilful means to attain buddhahood
(seeing the mind's real nature and realizing the path);
it is also a wondrous means to rest one's mind one-
pointedly in the equipoise of meditative concentration of
(samadhi) and wisdom (prajna) (定慧均持).

After thoroughly reading and understanding the meaning,
rather than simply reading aloud and memorizing it,
make a copy of the first chapter and paste it
on the wall in front of you, sitting in a quiet place in lotus
posture, viewing and contemplating.
By viewing everything as one sign in continuous meditative

concentration (一相三昧), you see the (buddha) nature of your mind (見性). And by meditating on the view in continuous absorption (ekavyuha-samadhi 一行三昧), you attain enlightenment (悟道).

제1절: 아미타불

마음은 허공(하늘)과 같다. 한 조각의 구름이나 한 점 그림자도 없이
크고 넓고 끝없는 허공 같은 마음세계를 관찰(觀관)하면서
청정법신 비로자나불을 생각(念염)하고,

이러한 허공 같은 마음세계에 해와 달을 초월하는 금색광명을 띤
한없이 맑은 물이 충만한 바다와 같은 성품바다를 관찰하면서
원만보신 노사나불을 생각하며,

안으로 생각이 일어나고 없어지는 형체 없는 중생과
밖으로 해와 달과 별과 산과 내와 대지 등 삼라만상의 뜻이 없는
중생과 또는 사람과 축생과 꿈틀거리는 뜻이 있는 중생 등의 모든
중생들을 금빛 성품바다에 바람이 없이 금빛파도가 스스로 뛰노는
거품으로 관찰하면서 천백억화신 석가모니불을 생각하고,

다시 저 한량없고 끝없이 맑은 마음세계와 청정하고 충만한 성품바다와
물거품 같은 중생들을 공(空)과 성품(性)과 현상(相)이 본래 다르지 않고
(一如일여) 한결같다(一合相일합상)고 관찰(通觀통관)하면서 법신(法身),
보신(報身), 화신(化身)의 삼신(三身)이 원래 한 부처인 아미타불을 생각
하면서,

안팎으로 일어나고 없어지는 모든 현상과 헤아릴 수 없는 중생의 덧없는
행동들을 마음이 만(萬-여러) 가지로 굴러가는 아미타불의 위대한 행동
모습으로 생각하고 관찰할지니라.

― 금타(金陀) 대화상(1898-1948) 지음

Chapter I: Buddha Amitabha

Mind is like empty space (sky) without a piece of cloud or shade.
Visualizing a vast, boundless space-like mind-world,
contemplate Buddha Vairocana, pure Dharmakaya.

This mental world is filled with immaculately clear water
of golden light outshining the sun and moon.
Viewing such a sea-like (vast) world of (buddha) nature,
think of Buddha Nosana, all-complete Sambhogakaya.

Internally there are formless beings with thoughts arising and ceasing,
Externally there are inanimate beings like the sun, moon, stars,
   mountains, rivers, lands, and so forth,
And also there are sentient beings like humans, animals, etc.

Viewing all these beings in the golden sea of nature as golden bubbles
joyfully playing by themselves (without wind) [by their own virtues],
contemplate 110 billion (innumerable) Nirmanakayas of Buddha
Shakyamuni.

Again observing the limitless, clear world of mind, the pure sea of
(buddha) nature, and the bubble-like beings as one total sign of
one suchness of emptiness (shunyata) (空), nature (性), and appearances (相),
Think of Dharmakaya, Sambhogakaya, and Nirmanakaya as one
Buddha, Amitabha.

Always think of – and observe – all phenomena that arise and dissolve,
and transient actions of all beings as the mind's various manifestations
in Amitabha's Great Activity. — Translated by Achala Youngro Kim in 2022

> 위대한 깨달음 전통의 찬란한 지혜와 자비(사랑)으로
> 양변 통합의 대락(大樂)의 시대를 여는 불이의 노래

A Melody of the Eight Types of Non-duality   — Gyalwa Gotsangpa
여덟 가지 유형의 불이(不二)의 노래   — 걀와 괴짱빠

Namo Guru!

The precious Lord embodies enlightenment's
   five dimensions,
I prostrate to and praise this Precious One
Who dispels the darkness of wanders' suffering
With non-dual, great, everlasting bliss.

스승님께 귀의합니다!

고귀한 스승님은 깨달음의 다섯 가지 차원(五智오지)의
   화현이니,
이 고귀한 분께 경배하며 찬양합니다,
중생들의 괴로움의 어둠(無明무명)을 쫓아주시고,
불이의 위대한, 영원한 기쁨(大樂대락) 주시는 분을.

Wonderful visions of yidam deities and
Fearsome apparitions of obstructing demons are
Not separable within the pure expanse -
   So! How joyful! How happy! Sudden Victory!
(문맥) not separable = non-dual

본존 여래들의 놀라운 모습과
방해하는 마군의 무서운 환영(幻影)이
(존재의) 청정한 터전(본성)에선 둘이 아니네.
그렇소! 얼마나 기쁜가! 얼마나 즐거운가! 즉각적인 승리인가!

Obtaining high rebirth or liberation and
Falling into the three unhappy destinations are
Not separable within the pure expanse –
So! How joyful! How happy! Sudden Victory!

높은 곳의 환생이나 해탈과
삼악도에 떨어지는 것이
청정한 터전에선 둘이 아니네.
그렇소! 얼마나 기쁜가! 얼마나 즐거운가! 즉각적인 승리인가!

The mind busy with perceived and perceiver and
The peaceful state of non-conceptuality are
Not separable within the pure expanse –
So! How joyful! How happy! Sudden Victory!
(문맥) busy (=troubled) ↔ peaceful. (mental) state = mind

지각의 대상(객체)과 주체(이원적인 분별)로 동요된 마음과
관념(분별)을 여읜 적정한 (마음)상태가
청정한 터전에선 둘이 아니네.
그렇소! 얼마나 기쁜가! 얼마나 즐거운가! 즉각적인 승리인가!

Complete happiness and comfort and
Overwhelming pain and suffering are
Not separable within the pure expanse –
So! How joyful! How happy! Sudden Victory!

완전한 행복과 안락과
짓누르는 통증과 고통이
청정한 터전에선 둘이 아니네.
그렇소! 얼마나 기쁜가! 얼마나 즐거운가! 즉각적인 승리인가!

Being well respected and worshipfully served and
Being derisively laughed at and beaten are
Not separable within the pure expanse –
So! How joyful! How happy! Sudden Victory!

존경 받고 봉사 받는 것과
조롱당하며 구타당하는 것이
청정한 터전에선 둘이 아니네.
그렇소! 얼마나 기쁜가! 얼마나 즐거운가! 즉각적인 승리인가!

Wandering alone in mountain retreats and
Traveling the countries of the world are
Not separable within the pure expanse –
So! How joyful! How happy! Sudden Victory!

홀로 산속 안거지에서 한가롭게 거니는 것과
세계 각국을 여행하는 것이

청정한 터전에선 둘이 아니네.
그렇소! 얼마나 기쁜가! 얼마나 즐거운가! 즉각적인 승리인가!

Having the finest food and drink and

Living in hunger without nourishment are

Not separable within the pure expanse –

So! How joyful! How happy! Sudden Victory!

가장 좋은 것을 먹고 마시는 것과

굶주리면서 영양을 섭취하지 못하는 것이

청정한 터전에선 둘이 아니네.

그렇소! 얼마나 기쁜가! 얼마나 즐거운가! 즉각적인 승리인가!

Not crashing the ground with your skull and

Taking birth again and again are

Not separable within the pure expanse –

So! How joyful! How happy! Sudden Victory!

두개골로 땅바닥을 치지 않는 것(윤회에서 벗어나는 것)과

계속해서 태어나는(윤회하는) 것이

청정한 터전에선 둘이 아니네.

그렇소! 얼마나 기쁜가! 얼마나 즐거운가! 즉각적인 승리인가!

This is the melody of the eight types of non-duality;

I have but a mere understanding of what true union is;

Not falling into confusion is very important.

(문맥) non-duality = union

이것이 여덟 가지 불이의 노래네.
난 진정한 합일이 어떤 건지 단지 이해할 뿐이네.
미혹(무지)에 빠지지 않는 것이 매우 중요하다네.

(역자) 어둠은 빛의 부재일뿐, 빛과 어둠이 둘이 아니듯,
괴로움(苦고)과 즐거움(樂락)도 따로 존재하는 것이 아니므로,
나누지 말고 공존하는 한 덩어리의 경험으로 받아들이면, 단박에
우린 고락(苦樂)을 통합하는(초월하는) 기쁨(大樂대락)을 얻을 수
있습니다. 이것이 바로 깨달음이 주는 기쁨이요 승리입니다.
이런 귀한 가르침 덕분에 우리는 어떤 경험을 하든지 거기에
지배받지 않고 그것을 깨달음과 행복자원으로 이용할 수 있습니다.
우린 누구나 깨달음의 성품, 불성(佛性)을 갖고 있기 때문입니다.